Le guide décapant des parents imparfaits

L'ÉDUCATION POSITIVE

Candice Kornberg Anzel
Camille Skrzynski · Eve Aboucaya

MARABOUT

À Damien, Sacha et Adam, les amours de ma vie.
Candice Kornberg Anzel

À tous les parents qui font de leur mieux, malgré tout !
À toi mon alter ego, lis bien ce tome car on va avoir du boulot !
Camille Skrzynski

A Mika, Liam, Eden et Liron,
mon équipe de foot qui m'élève un peu plus chaque jour.
Eve Aboucaya

SOMMAIRE

Quel type de parent êtes-vous ?

❑ Je veux demissionner !

❑ J'apprends toujours à m'améliorer

❑ Je suis parfait !

Si vous avez coché la première case, n'abandonnez pas ! Ce livre est fait pour vous.
Si vous avez coché la deuxième case, continuez dans ce sens-là, d'ailleurs ce livre est fait pour vous.
Si vous avez coché la dernière case, nous sommes désolées de vous annoncer que vous avez encore du boulot : ce livre est donc fait pour vous.
Quoi que vous ayez coché, nous vous conseillons également d'investir dans les tomes « Votre bébé de 0 à 3 ans » ou « Le jeune papa » de la collection des Guides décapants des Parents Imparfaits

INTRODUCTION

Nous avons une bonne et une mauvaise nouvelle. On commence par laquelle ? La bonne ? Ce livre va révolutionner votre vie. La mauvaise : vous allez devoir vous refaire une beauté intérieure ! (Pour l'extérieur, on connait un très bon chirurgien esthétique pour ceux que ça intéresse.)

N'avez-vous pas toujours rêvé d'être un parent parfait ? Eh bien nous sommes sincèrement désolées de vous décevoir, mais ça n'arrivera pas ! Et fort heureusement d'ailleurs, car c'est grâce à cette imperfection que vous allez pouvoir vous dépasser.

Être parent est le plus vieux et plus difficile métier du monde. Et il y a autant de parents que de façons d'éduquer un enfant. Notre personnalité, notre passé, nos expériences et nos fréquentations font de nous des parents uniques. Nous transpirons de façon consciente, mais aussi de façon inconsciente, ce que nous sommes. Dans nos différences, il y a cependant une chose qui nous rassemble : nous voulons le meilleur pour nos enfants et nous sommes prêts à tout pour les rendre heureux.

Ce livre va vous donner des outils éducatifs, des exemples, des contre-exemples et des conseils qui, autant vous prévenir, risquent de vous faire culpabiliser sévère. « Oh, mais c'est horrible, je fais EXACTEMENT ce qu'il ne faut pas faire ! » Mais ne vous inquiétez surtout pas ! Ca fait partie du processus d'apprentissage de se sentir à la ramasse. Quelle formidable opportunité d'apprentissage !

Avant de lire ce livre, vous étiez en phase d'apprentissage 1 : vous ignoriez que vous ignoriez. Si vous avez acheté cet ouvrage, c'est que vous êtes en phase 2 : vous savez que vous ignorez (si on vous l'a offert, vous êtes en phase inconnue...) C'est la phase la plus difficile à appréhender car vous aurez l'impression d'avoir tout raté et d'être un mauvais parent. Après avoir lu ce livre, vous passerez en phase 3 : vous ignorerez que vous savez et pourtant vous aurez toutes les ressources en vous pour faire bouger les choses. Après quelques mois de travail (non rémunéré, malheureusement), vous passerez en phase 4 : vous saurez que vous savez et vous serez très fiers du chemin déjà parcouru et impatients de gravir le sommet de la montagne.

Bonne lecture !

CHAPITRE 1

QUAND BIENVEILLANCE RIME AVEC FERMETÉ

(OK, ça ne rime pas, mais bon !)

Voici deux qualités que l'on s'approprierait volontiers, en sept mots seulement :
– la « bienveillance » : indulgence, gentillesse, attention, désintéressement, compréhension, empathie, respect ;
– la « fermeté » : force, constance, sang-froid, rigueur, stabilité, persévérance, assurance.

Eh bien figurez-vous que ce sont les deux piliers de la Discipline Positive ! Vous comprendrez pourquoi cette méthode est devenue bible ! Mais attention, comme le dit la méthode, il faut en faire usage simultanément pour trouver un équilibre parfait dans notre éducation (on peut toujours rêver !). Nous vous proposons un voyage au pays de nos rêves devenus réalité grâce à la DP. La quoi ?

— LA DISCIPLINE POSITIVE, KESAKO ? —

La Discipline Positive, ou DP pour les intimes, c'est THE méthode d'éducation, THE boîte à outils, THE bouquin à laisser traîner sur sa table de chevet pendant au moins les 15 prochaines années, THE truc qui change la vie à la maison. Quand on est au BDG – bord du gouffre –, c'est-à-dire un jour sur deux, on pousse un gros cri (pas sur son enfant), on pioche un outil dans ce que nous propose la DP (on est déjà intimes), et hop, l'affaire est dans l'sac ! Enfin, ce n'est pas si simple, mais c'est efficace.

La Discipline Positive, c'est :

- opter pour une éducation ni permissive, ni punitive (un juste milieu, quoi !) ;
- encourager son enfant pour qu'il se sente capable, respecté, afin qu'il coopère (vous l'aurez compris, c'est donnant donnant !) ;
- permettre à son enfant de développer les compétences et les talents que nous lui souhaitons. Résultat, il a toutes les chances de devenir un adulte confiant, responsable et autonome (je sais, ça fait peur) ;
- miser sur une éducation efficace sur le long terme (en gros, on vous propose de vous enquiquiner la vie aujourd'hui pour être tranquille demain. Ça se tente, non ?) ;
- ne pas soumettre votre enfant à votre autorité juste pour garder le contrôle de la situation (surtout que c'est là où l'on perd le contrôle...) ;
- ne pas donner de conseils à la voisine qui frappe ses enfants à coups de martinet (en DP, on ne donne pas de conseils, on cherche ensemble des solutions... mais appelez la Ddass quand même !) ;
- arrêter de s'extasier devant les enfants de Mme Dupont qui s'exécutent illico presto quand elle leur dit : « Tenez-moi la main pour traverser la rue », pendant que les vôtres sont déjà sur le passage piéton (parce que vous tenez la clé maintenant !) ;
- avoir envie de rentrer chez soi après le boulot pour voir ses enfants (alors qu'avant, vous préfériez caser votre dernier rendez-vous entre 20 h 30 et 21 h 45 pour surtout ne les croiser que le lendemain matin !) ;
- apprécier à la maison les silences qui remplacent les cris, les rires et les soupes à la grimace.

Autrement dit, y'a du boulot !

Dis maman, je peux repeindre le chat en bleu?
euh...
Tu voudrais peindre le chat en bleu? Je comprends mais cette couleur ne lui sied pas vraiment...

— PARENTS AU BDR, BONJOUUUUR ! —

Levons le voile sur un phénomène encore tabou : de nombreux parents se sentent dépassés dans l'éducation de leurs enfants et ont le sentiment d'être au bout du rouleau, ne sachant plus comment briser ce cercle infernal et revenir à un climat familial serein et agréable.

Voici quelques témoignages que nous avons reçus sur la page Facebook des Parents imparfaits et des pistes de solutions « positives » dans ce type de situations.

Alice, maman de Savannah, 4 ans, et Eliott, 5 ans et demi

« Chaque soir dès que je récupère mes enfants au centre de loisirs, j'ai l'impression de vivre un cauchemar. Ils passent leur temps à défier mon autorité, n'écoutent pas quand je leur demande d'aller au bain, venir dîner, aller se brosser les dents. Je passe chaque soir tout mon temps à leur crier dessus. J'aimerais que ça change, mais je me sens dépassée. »

Conseil d'éducation positive :

Alice, d'abord, nous avons une merveilleuse nouvelle : l'attitude de vos enfants est tout à fait banale. Pour vous aider, vous pourriez élaborer des rituels du soir : lister les tâches du quotidien face auxquelles sont fixés des horaires ? Il faut aussi réfléchir au temps réellement nécessaire pour chaque tâche, qui varie selon leur âge et leurs capacités. Cet outil ne pourra être efficace que si vous faites participer vos enfants à cette élaboration. Il s'agit de trouver des règles ensemble et non de les imposer.
Exemple : bain, de 17 h à 17 h 30.

Marion, maman de Maxime, 3 ans

« Mon fils a peur de dormir seul. Chaque soir, je suis obligée de rester avec lui au moins 45 minutes jusqu'à ce qu'il s'endorme. J'ai tout essayé : veilleuse, petite musique, mais il a peur d'être seul et me demande sans cesse. Du coup, je ne suis jamais tranquille pour passer ma soirée avec mon mari. »

Conseil d'éducation positive :

Pour répondre à son besoin dans le but de l'apaiser, il faut déjà identifier ses angoisses liées à l'endormissement. Savez-vous ce qui lui fait peur dans le fait de dormir ? Peut-être qu'il rencontre toujours le même cauchemar, peut-être est-ce l'obscurité... ?
Peut-être pourriez-vous expliquer à votre enfant que vous avez également besoin de passer une soirée tranquille et seule avec votre mari ? Les enfants peuvent être beaucoup plus à l'écoute de nos besoins qu'on ne l'imagine, mais encore faut-il qu'ils les connaissent !

Muriel, maman de Dorian, 3 ans

« Ma fille refuse de manger à la maison ce que je lui prépare. Pourtant, à la cantine de la crèche, elle mange sans problème. J'ai l'impression qu'elle le fait exprès pour m'énerver. »

Conseil d'éducation positive :
Votre enfant le fait peut-être exprès, probablement, mais ce n'est pas forcément dans le but de vous énerver. Les enfants nous envoient en permanence des messages que nous interprétons parfois de la mauvaise manière. Il pourrait être envisagé d'élaborer ensemble des menus en respectant à la fois l'équilibre alimentaire et les goûts de votre enfant. Quand votre enfant refuse de manger, vous pouvez lui dire que « ça ne fait rien et que vous êtes sûre qu'il saura attendre jusqu'au prochain repas ! » Généralement, ce comportement s'apaise assez rapidement.

Gabriel, papa de Joss, 6 ans

« Ma fille veut se comporter comme une petite adolescente. Elle veut porter du vernis, choisir ses vêtements pour aller à l'école, et je ne sais pas comment réagir, car cela me dérange. »

Conseil d'éducation positive :
Il est indispensable de trouver un temps d'échange afin d'exposer la situation et de pouvoir trouver une solution. Cet échange doit avoir lieu lorsque vous êtes tous les deux disponibles à un moment serein. Ce sera l'occasion pour vous d'expliquer à votre fille pourquoi ça vous dérange qu'elle porte du vernis et à elle de vous dire en quoi c'est important pour elle. Vous comprendre permettra de trouver une solution qui satisfasse un peu chacun, dans le respect et la bienveillance.

Dominique, papa de Jules, 8 ans et Elisa, 5 ans

« Mes enfants n'arrêtent pas de se disputer. J'essaye de ne pas intervenir, mais ils ont tendance à se taper et mal se parler. Je ne sais pas quel comportement adopter dans ce genre de situation. »

Conseil d'éducation positive :
Il y a une distinction à faire entre les disputes graves et les moins importantes. Les secondes ne nécessitent pas d'intervention de l'adulte.
Les disputes dans une fratrie sont nécessaires. Elles servent à chaque enfant à s'affirmer, à défendre ses idées et ses besoins, c'est plutôt positif ! Vous mêler risque de vous mettre dans une situation embarrassante de devoir prendre parti ou trouver un coupable. Dans les deux cas, vous alimenterez ces rivalités entre vos enfants. En revanche, vous pouvez ensemble décider d'un rituel lorsqu'il y a un conflit entre eux. Par exemple, à chaque fois qu'on se dispute, on change de pièce et on ne se retrouve qu'une fois qu'on se sent mieux. C'est alors que vous pouvez intervenir pour chercher avec eux une solution respectueuse.

— LES FORMULES —
mathémagiques de la DP

Vous souvenez-vous de vos tables de multiplication ? On s'en fiche !
Savez-vous encore faire une division sans saisir votre calculette ?
Ce n'est pas grave...Parce que maintenant que vous êtes parent,
les seuls calculs que vous avez à faire sont éducatifs. Pour vous faciliter la tâche,
nous vous avons concocté quelques additions et soustractions essentielles
qui vous changeront la vie. À condition de les apprendre par cœur !
Allez, on retourne sur les bancs de l'école !

FERMETÉ + BIENVEILLANCE = RESPECT MUTUEL

Participation + Contribution = Sentiment d'utilité, de place dans la famille, de responsabilité

Un enfant qui se sent mieux = Un enfant qui fait mieux
(*cf. La Discipline Positive*, Jane Nelsen)

Ne pas trop gâter son enfant = Aimer son enfant

Absence de cadres = Sentiment de frustration, d'insécurité

Amour + Investissement – Lutte de pouvoir = Coopération de l'enfant

Expression + Sentiments nommés = Compréhension et estime de soi

Compliments en grande quantité = Dépendance du regard de l'autre

Trop de récompenses + Trop de cadeaux = Faire pour être récompensé et non pas pour soi-même

Écoute + Parole = Communication réussie

Besoin non satisfait = Comportement inapproprié

Interdits + Limites = Sentiment d'insécurité

Choix + Alternatives = Sentiment de liberté

Punitions + Châtiments corporels = Danger

Être responsable = Obtenir des privilèges

Manque d'autonomie = Résistance, colère

Aide à passer le balai + Aide à la préparation du repas
× Lundi à dimanche = Espoir pour l'avenir

Cherchez l'intrus !

— LES 10 PROFILS —

de parents les plus infréquentables

Afin d'identifier votre profil et vous rendre compte à quel point vous devez virer de cap rapido, voici une liste de plusieurs types de parents qui vont sérieusement vous ouvrir les yeux. Et si vous ne vous retrouvez pas en eux, vos copains, voisins, cousins, eux, se reconnaîtront certainement ! Le cas échéant, offrez-leur ce bouquin sans plus attendre ! (Petite précision : cette liste n'est pas exhaustive.)

5 PROFILS DE PARENTS TROP PERMISSIFS

1 Les angoissés d'la bouffe

Ils ont toujours leur frigo plein ! Chou-fleur, carottes-sable, pâtes, risotto au gorgonzola, couscous boulettes, baba au rhum... Bref, tout ce qu'il faut pour satisfaire les envies de leur p'tit Louis (et de tout le quartier par la même occasion). Chez eux, à chaque dîner, c'est la même rengaine. P'tit Louis peut choisir ce qu'il veut manger, puis changer d'avis cinq ou six fois. « J'veux ça ! Non en fait j'aime pas comme c'est présenté ! Tu peux mettre de l'huile d'olive ? Beurk ! C'est meilleur avec du citron. J'veux du citron ! Finalement j'ai plus faim, j'veux juste un dessert... » Ces parents-là se soumettent bien évidemment à toutes ses exigences parce qu'il n'est pas question qu'il meure de faim ! Il manquerait plus qu'il aille dormir sans rien dans le ventre ! Le pauvre... Ce sont ceux que vous entendrez souvent dire : « On est obligés de lui faire des pâtes tous les jours. Il n'aime que les pâtes ! »
Leur devise : « Mange mon fils. »

2 Les potes

Ils passent leur temps à organiser des fêtes pour leur enfant : moisniversaires, bonne note en EPS, nouveau petit copain, première dissection d'une grenouille en SVT... Bref, tout est prétexte pour se montrer cool et se faire aimer à tout prix de leur enfant, des copains de leur enfant, des parents des copains de leur enfant... Ces parents-là se font évidemment appeler par leur prénom (« papa » ou « maman », c'est trop ring' ! Alors que Bernard et Janine !). Mais ce qui les caractérise le plus, c'est que tout est permis ! Les confidences, les abus d'alcool et de stupéfiants (si on peut même fumer un pèt' ensemble, c'est encore mieux !), le non-respect des horaires de sortie (d'ailleurs, y'a pas d'horaires).
Leur devise : « No Limit ! »

3 Les crédules

Ils ne s'assoient jamais avec leur enfant pour faire ses devoirs. Normal, il leur a dit qu'il n'y avait rien à faire pour le

lendemain. Sauf que ça fait un mois qu'il n'y a rien à faire ! Mais ils y croient encore ! Leur fils ne pourrait pas les berner, il les aime bien trop pour ça… (Tu parles !) Et lorsqu'arrive le bulletin de notes à la maison, ils n'ouvrent pas l'enveloppe avec leur fiston. Non ! Ils préfèrent le laisser l'ouvrir tout seul. Mais lorsqu'ils veulent y jeter un œil, il est passé dans la machine à laver avec le pantalon. Pas d'bol ! Ce sont des choses qui arrivent…
Leur devise : « La vérité sort de la bouche des enfants. »

4 Les mous du g'nou

Ils veulent la paix dans leur ménage ! Cela dit, on les comprend. Ils préfèrent éviter les disputes, alors ils optent pour ne jamais gronder leur enfant. Ils sont du genre à dire : « J'aimerais bien que tu ne tapes pas ta sœur », histoire d'instaurer la règle du fameux « on ne tape pas ». Sauf que là, c'est dit au ralenti, sous forme de souhait et non de règle. Et le plus souvent, lorsque l'enfant mollasson – dans la famille Mou-du-g'nou, je voudrais la fille – s'y oppose, le parent abandonne son souhait aussitôt ! Ah ça, c'est sûr, il aura la paix !
Leur devise : « *Peace and love*, mes frères. »

5 Les pots d'colle

Ils l'étouffent, cette pauvre petite ! Ils considèrent que leur fille est sans défense ! Du coup, ils la protègent, la surprotègent même. Ils font évidemment tout à sa place – faudrait quand même pas qu'elle rencontre la moindre difficulté ! –, à coups de : « Attends, j'vais t'mettre ton manteau. » (« Maman, j'ai 13 ans ! »). Chez ce type de parents, il y a aussi ceux qui ne peuvent pas culpabiliser leur enfant. Et ça donne : « Tu viens de noyer ton hamster. C'est pas grave, il a certainement dû faire quelque chose pour t'énerver », ou encore : « Si Lou a traité son copain de "face de têtard à hublot" juste parce qu'il porte des lunettes, c'est sûrement que j'ai dû lui montrer le mauvais exemple. » (Vas-y que ça se culpabilise à tire-larigot !)
Leur devise : « C'est pas de sa faute, le pauvre. »

5 PROFILS DE PARENTS TROP FERMES

1 Les « je sais tout »

Ce qu'il faut faire, pas faire, dire, pas dire, comment dire, quoi manger, quoi porter, comment se laver, comment s'essuyer le derrière… TOUT !

Si vous entendez : « Est-ce que tu as pensé à mettre ton goûter dans ton cartable, et tes cahiers pour demain aussi ? » (la flippe que leur enfant oublie un truc), ou encore : « Quand tu appelleras ton père, tu lui diras : "Bonjour papa, est-ce que tu peux m'amener au tennis aujourd'hui car maman ne peut pas ?" » (il faut que ce soit dit comme ça, parce que comme ça, c'est parfait), c'est que vous en avez devant vous. Fuyez !!!
Leur devise : « Je sais ce qui est bon pour toi. »

2 Les menaçants

Leur moteur ? La peur ! Faire peur à leur enfant pour obtenir ce qu'ils veulent.

C'est tellement plus facile… Rappelez-vous du fameux : « Attention ou le loup va sortir du placard ! », ou encore : « Tu veux que j'appelle papa ? » (pour toutes les mamans qui veulent dire adieu à leur crédibilité). Aujourd'hui, les parents menaçants utilisent de nouvelles armes plus adaptées à notre société, du genre : « Si tu continues, je vais brûler tes Ninjago ! » ou : « Tu veux pouvoir jouer à l'iPad demain ? Alors tu la mets en veilleuse ! », ou encore : « Si tu continues, tu n'iras pas au concert de Kenji Girac ! » (la menace suprême !). Mais notre préférée reste l'extraordinaire : « Tu veux que je te punisse ? », comme si l'enfant allait répondre : « Oui papa, j'aimerais bien. » Bref, rien de tel pour que vos enfants finissent sous Lexomil® à 25 ans !
Leur devise : « T'arrêtes ou sinon… »

3 Les insensibles

Aucun sentiment ! *Niet, nada,* que dalle ! Enfin si, mais sous conditions. Dans cette catégorie de parents, il existe plusieurs méthodes pour arriver à ses fins. Il y a ceux qui nient les émotions de leur enfant à coups de : « Arrête de pleurer ! » ou de : « Mais non, tu n'as pas mal », et puis ceux qui usent plutôt du silence quand leur gamin s'oppose ou exprime une émotion un peu trop fort à leur goût. Dans les deux cas, les pauvres enfants qui souhaitent trouver chaleur, considération et affection devront changer de parents !
Leur devise : « Reprends-toi ! »

4 Les moralisateurs

Ils se donnent un malin plaisir à culpabiliser leur enfant et ont un paquet de phrases moralisatrices toutes faites en magasin ! Des « Tu ne finis pas ton assiette alors qu'il y a de pauvres enfants qui crèvent de faim dans le monde ? » en veux-tu en voilà (limite s'ils ne vont pas chercher l'iPad pour leur montrer à quoi ressemble un petit Somalien), des « C'est de ta faute si je suis en retard au travail, tu aurais dû manger plus vite ! », et j'en passe. Idéal pour que votre enfant se trouve bon à rien et passe le restant de ses jours à s'autoflageller.
Leur devise : « Je t'avais prévenu ! »

5 Les autoritaristes

Chez eux, c'est la guerre des points d'exclamations ! Ça vole de partout, dans la salle de bains, la cuisine, la chambre à coucher… Des « Non ! », « Fais pas ça ! », « Dépêche-toi ! » Ils ne fonctionnent qu'avec des règles, des consignes, des ordres – qu'ils sont incapables d'expliquer d'ailleurs –, des cris, des exigences, des punitions… Inutile de tenter de les faire réfléchir à leurs méthodes, ils ne se remettent jamais en question. D'ailleurs, ce bouquin, ils ne l'achèteront pas. Quant à leur enfant, il n'a jamais le choix. Il devient une courge, un petit pois, un légume, quoi ! Incapable de réfléchir par lui-même à ce qu'il doit penser, faire, anticiper… Comment en faire des assistés en devenir en une leçon ! Ce sont eux qui, en général, vivent chez leur mère jusqu'à 43 ans !
Leur devise : « Fais pas ci, fais pas ça. »

Parent laxiste VS Parent autoritaire : zéro partout !

— TEST —

Êtes-vous un parent autoritaire, permissif ou F&B (ferme et bienveillant) ?

1. Votre enfant a eu une mauvaise note à son exposé.

A) Vous le privez de télé pendant une semaine.
B) Vous faites le prochain exposé sa place.
C) Vous regardez ensemble ce qui n'a pas marché sur le devoir précédent et essayez de lui expliquer ce qu'il n'a pas compris.

2. Votre enfant veut la dernière console à la mode pour Noël.

A) Pas question ! Et ce n'est pas la peine d'en discuter, vous ne changerez pas d'avis.
B) Vous lui offrez. De toute façon, il squatte déjà votre tablette.
C) Vous posez des conditions à cet achat. Il pourra y jouer à certains moments de la semaine et devra respecter les règles que vous aurez fixées ensemble.

3. Votre enfant ne veut pas manger son repas.

A) Il ne sort pas de table tant qu'il n'a pas fini son assiette, c'est la règle.
B) Vous lui préparez autre chose, pas question qu'il sorte de table sans avoir dîné.
C) Vous lui demandez de faire un effort et de goûter. Vous ne cédez pas, s'il ne mange pas cette assiette, il attendra son prochain repas.

4. Vos enfants se disputent et se tapent dessus.

A) Vous intervenez avant qu'ils ne s'entre-tuent et les punissez.
B) Vous ne vous en mêlez pas, après tout ça les regarde.
C) Vous leur rappelez ce que vous avez convenu dans ce genre de situation pour trouver une solution. Chacun dans sa chambre par exemple, le temps que les tensions s'apaisent.

5. Votre enfant ne veut pas ranger sa chambre.

A) Vous jetez les affaires qui traînent par la fenêtre.
B) Vous lui dites que vous avez planqué un billet de 50 euros dans sa chambre, pour le retrouver, il devra ranger sa chambre.
C) Vous vous mettez d'accord sur ce que veut dire « ranger sa chambre » pour lui et pour vous et vous vous accordez sur un « juste milieu ».

6. À une fête de famille, votre petit enfant refuse d'embrasser Tata Lucette.

A) Vous l'obligez à l'embrasser, ce ne sont pas des manières.
B) Vous l'envoyez jouer, après tout, elle pique Tata Lucette, vous l'excusez de sa part.
C) Vous dites bonjour à Tata Lucette pour montrer l'exemple sans le forcer à en faire autant.

RÉSULTATS

Vous avez un maximum de A, vous êtes un parent de style autoritaire.
Dans cette relation, c'est le parent qui a tout le pouvoir. Vous considérez que les règles ne sont pas négociables et que c'est à vous de les fixer. Vous êtes l'adulte, donc vous savez mieux que lui. Si votre enfant ne respecte pas les règles, il est puni.

Du point de vue de l'enfant
– L'enfant vit dans la peur de l'adulte et a peur d'être puni. Il donne rarement son avis.
– Il peut se révolter, provoquer, et peut devenir agressif ou au contraire soumis.
– Il est peu autonome et a rarement confiance en lui.

Vous avez un maximum de B, vous êtes un parent de style permissif.
Vous êtes dans une relation où votre enfant a presque tout le pouvoir et vous êtes à son service. Vous n'êtes pas pour le cadre. Vous répétez les consignes, mais ne supportez pas que votre enfant se mette à pleurer parce qu'il n'est pas d'accord avec vous. Vous finissez la plupart du temps par céder et ne mettez pratiquement jamais vos menaces à exécution.

Du point de vue de l'enfant
– Il agit en enfant-roi et risque d'être égocentré, donc en difficulté sociale.
– Il est facilement frustré si on ne lui donne pas ce qu'il veut et il est incapable d'attendre.
– Il devient désorganisé et n'a pas de limites.

Vous avez un maximum de C, vous êtes un parent de F&B.
Vous êtes avec votre enfant dans une relation de partage dans laquelle chacun exprime clairement ses besoins et ses attentes. Vous respectez ceux de votre enfant. Vous établissez des règles avec lui dont chacun connaît à l'avance les conséquences si elles sont transgressées. Chez vous, c'est le compromis qui est important, pour que chacun soit satisfait et se sente bien. Vous encouragez votre enfant lorsqu'il a bien agi et mettez l'accent sur ses forces et non sur ses faiblesses.

Du point de vue de l'enfant
– Il se sent en confiance et en sécurité, car il ne peut pas faire tout ce qu'il veut.
– Il se sent respecté et il respecte les autres en retour.
– Il devient autonome et responsable, car il sait comment réparer ses erreurs.
– Il est capable de prendre des décisions, car on lui a appris comment tenir compte de ses besoins et de ceux des autres.
– Il n'a pas peur des adultes, mais les respecte et a confiance en eux.

— SUPER NANNY —
vs Pascal le Grand Frère, le duel

Chouette, c'est le week-end ! Mais il pleut dehors, impossible de sortir.
Vous vous ennuyez comme des rats morts ? Pas de panique !
Nous avons l'activité qu'il vous faut : le traditionnel atelier de cuisine, revisité par Super Nanny et Pascal le Grand Frère. À vous de choisir votre recette.
(Entre nous, on vous conseille la première ! Chuuuuuuuuuut...)

La recette réussie de Super Nanny

- 5 feuilles de câlins
- 1 bol de confiance
- ½ kg d'encouragements
- 1,5 l de respect
- 4 blancs de communication
- 1 pincée d'humour
- 1 cuillerée à café de fermeté
- ½ verre de sirop de cohérence
- 250 g de mots d'amour
- 1 verre d'écoute active
- 1 kg de farine (oups, on s'est plantés de recette... !)

Couper les feuilles de câlins en morceaux à l'aide d'une paire de ciseaux, les placer dans un bol, les couvrir d'eau froide, les laisser ramollir.

Verser dans une casserole le bol de confiance, les encouragements et le respect. Faire chauffer à feu doux, remuer de temps en temps jusqu'à ce que le respect soit bien diffus.

Monter les blancs de communication avec la pincée d'humour et la cuillerée à café de fermeté en neige bien ferme.

Hors du feu, incorporer le ½ verre de cohérence au mélange.

Badigeonner un moule avec un pinceau huilé, puis le saupoudrer de mots d'amour.

Verser dans un saladier, petit à petit, le sirop de cohérence sur les blancs sans cesser de fouetter, puis ajouter le verre d'écoute active.

Verser le mélange dans le moule et enfourner pour 30 minutes environ.

C'est prêt ! À déguster chaud et sans modération.

La recette foirée de Pascal le Grand Frère

- 1 tonne d'interdits
- ½ l de laxisme
- 200 g de menaces
- 2 kg de sanctions
- 1 jus de chantage
- 1 sachet d'humiliations
- 1 tablette de châtiments corporels
- 25 cl d'indifférence
- 150 g de mauvaise humeur
- 2 cuillerées à café de cris

Beurrer et fariner un moule à gâteau rond.

Mélanger la tonne d'interdits au laxisme jusqu'à ce que le mélange soit homogène.

Ajouter les menaces et les sanctions et mélanger, puis ajouter le jus de chantage. Verser le sachet d'humiliations et mélanger de nouveau.

Faire fondre les carrés de châtiments corporels avec l'indifférence.

Ajouter le mélange obtenu au mélange précédent et, enfin, ajouter les 150 g de mauvaise humeur et les 2 cuillerées à café de cris. Bien mélanger.

Verser le mélange dans le moule et l'étaler régulièrement. Réfrigérer pendant 30 minutes environ.

C'est foiré !

COMMENT

Fixer les limites à la maison

Oyez ! Oyez, braves gens ! Il est temps de mettre en place un cadre de vie dans votre maison. Mais comment faire ? Et pourquoi n'essayeriez-vous pas le TEF pour fixer les règles avec vos enfants ? Ce « temps d'échange en famille », outil de la Discipline Positive, marche du tonnerre !

Voici une variante du TEF.

– Les parents : Les enfants, c'est l'heure de notre rendez-vous hebdomadaire, notre temps d'échange en famille !

– Les enfants : On arrive !

– Les parents : Nous souhaitons fixer avec vous de nouvelles règles à la maison afin que nous puissions vivre tous ensemble, en harmonie.

– Le petit dernier de la famille : C'est sur quel continent, l'harmonie ?

– Les parents : L'harmonie n'est pas un pays, petit cœur. C'est pour dire que chacun trouve sa place, dans le bonheur. Reprenons... Ces règles pourront être modifiées si elles ne fonctionnent pas ou si elles ne sont pas adaptées.

– Les enfants : Chouette ! On peut dire les règles, nous ?

– Les parents : Pour dire les règles, nous allons partir des problèmes que nous rencontrons. Par exemple : le papier toilette est beaucoup gaspillé, nous devons changer le rouleau une fois par jour. Quelle règle pourrait en découler ?

– Les enfants : On pourrait dire le nombre de rouleaux qu'on a le droit d'utiliser par semaine. On pourrait décider de combien de feuilles on a besoin pour s'essuyer. *(Les parents notent toutes les propositions sur un tableau et, ensemble, ils se mettent d'accord sur la proposition qu'ils ont envie d'essayer en premier.)*

– Les parents : Merci pour vos propositions. Et que se passera-t-il si cette règle n'est pas respectée ?

– Les enfants : On n'aura plus de papier pour s'essuyer ?

– Les parents : Voilà. C'est ce qu'on appelle une conséquence naturelle !

Ils font la même chose pour toutes les règles à fixer...

– Les parents : Maintenant, qui veut nous aider à faire un joli panneau, avec des couleurs et des images, qui reprend toutes ces règles ?

– Les enfants : Moi !

– Les parents : Parfait. Nous l'afficherons dès demain à l'entrée de la maison.

Mais où est le cadre ?

Entraînez-vous à fixer les limites dans le chaos (cadre = limites)... OK, on sort !

— CHECK-LIST —
des limites efficaces

Vous avez sans aucun doute déjà été confronté au fameux : « T'es méchant, papa ! » (valable aussi pour maman) parce que vous avez mis un stop à un désir de votre enfant. Ou vous avez certainement entendu votre enfant marmonner dans sa barbe : « Pourquoi j'peux jamais faire c'que j'veux ?! » Nous savons bien que tout cela n'est rien d'autre que la manifestation des difficultés de ces petites bestioles à accepter la frustration. Mais cette rude épreuve serait bien moins pénible pour eux (et surtout pour nous !) si nous, parents, savions fixer les règles sans injustice ! Voici quelques suggestions.

Les limites sont efficaces si…	**Exemple de situation**
… elles sont cohérentes.	Si vous êtes bordélique, ne vous avisez pas de demander à votre bambin de ranger sa chambre matin, midi et soir. Ce serait malvenu ! En d'autres termes, soyez le top du modèle et vous pourrez même exploiter votre enfant pour lustrer votre appart et virer votre femme de ménage (ça vous coûtera moins cher).
… elles sont fixées avec les enfants.	Essayez d'imposer des limites à vos enfants à force de chantage et de punitions et vous aurez certainement droit à une crise d'adolescence avant l'heure ! Alors que si vous tentez de fixer les limites avec eux comme partenaires de la décision (par exemple : l'utilisation de la Playstation tel ou tel jour, entre telle et telle heure), vous obtiendrez à coup sûr de la coopération (sinon, on vous offre 100 balles et un Mars !).
… elles sont adaptées à leur âge.	Ne demandez pas à votre mioche de 2 ans ½ de ne pas venir vous réveiller le week-end avant 8 h 30. D'abord, il ne sait pas lire l'heure, et en plus, il n'a pas idée d'à quel point vous êtes crevé de votre semaine, et pour finir, il n'a aucune idée de quel jour on est ! (Je sais… c'est dur à entendre.)
… elles sont claires et concises.	Les phrases de ce genre sont à bannir : « Chéri, tu sais bien qu'il commence à se faire tard et que ton horloge biologique requiert au moins 12 heures de sommeil. Tu pourrais vêtir au plus vite ton ensemble pyjama pour aller t'abandonner dans les bras de Morphée. » (Han… pchi, han… pchi… Il s'est endormi sur la table de la cuisine, sans avoir rien compris, en plus ! Aucun intérêt…)

Les limites sont efficaces si…	**Exemple de situation**
… elles sont expliquées à l'avance.	Nous comprenons votre goût pour l'aventure, mais nous préférons vous prévenir : les règles improvisées risquent de vous amener des noises (sentiment d'injustice = vengeance = plat qui se mange froid) ! Autant s'tirer une balle dans l'pied ! Alors on rappelle les règles, on les répète, on s'fatigue, mais on les répète. Par exemple : « Mon cœur, tu te rappelles qu'on se lave toujours les mains quand on se met les doigts dans le nez » (Dieu sait que vous devrez la répéter, celle-ci).
… elles sont institutionnalisées.	Attention ! Une limite ne se fixe ni à la tête du client, ni en fonction de votre humeur ! Que vous ayez envie de rigoler ou d'emplâtrer votre enfant dans le mur du voisin, une règle est une règle. Sauf que vous avez quand même le droit de faire quelques entorses, à condition de le préciser. Par exemple : « Ce soir, c'est raviolis ! Mais c'est exceptionnel, car nous avons des invités » (on n'imagine pas ce qu'ils mangent le reste du temps !).
… elles sont assorties d'une conséquence (naturelle ou logique).	La conséquence permet à votre enfant de choisir s'il veut être responsable (en respectant la règle) ou pas (en la transgressant). Mais en faisant ce choix, il devra en assumer les conséquences. Par exemple : il fait froid dehors, il pleut. La règle est qu'on met un manteau dans ce cas-là. Votre petit bout décide qu'il ne veut pas mettre son manteau. Résultat fort probable : il aura froid et sera trempé. Tant pis pour lui ! (Sauf que s'il attrape une pneumonie, vous êtes bon pour les urgences…)

— 5 RAISONS VALABLES —
pour ne pas faire de la DP avec son enfant

On ne peut pas toujours faire coûte que coûte, vaille que vaille, de la Discipline Positive avec ses enfants. Il y a bien des raisons valables pour péter une durite et faire des écarts de bienveillance ! En voici cinq, juste pour déculpabiliser (que ça fait du bien !).

Première vraie bonne raison : la fatigue

Après une semaine de boulot intense, le soir, au moment de coucher des enfants, à la fin du premier trimestre sans vacances, dans les phases conflictuelles de la fratrie, on a le droit d'avoir envie de se débarrasser de sa progéniture sans prendre de gants. Alors profitez-en ! Les « Ce soir, coucher à 18 heures, vous dînerez demain ! » ou « Si vous nous réveillez avant 8 h 15 demain matin, vous serez privés de dessins animés tout le mois de juillet » sont permis !

Deuxième vraie bonne raison : le danger

Si votre enfant est en train de s'avancer vers la route et manque de se faire renverser par une voiture, un conseil : évitez les « Chéri, que peux-tu faire pour éviter de te faire écraser ? » (votre enfant serait déjà en mode croque-monsieur sous le véhicule). Optez plutôt pour la méthode brute et rapide : attrapez-le vite fait bien fait par le col de sa chemise en hurlant comme un pestiféré : « Stoooooooooooop ! »

Troisième vraie bonne raison : la grossesse

Neuf mois... Neuf longs mois où vous vous vous traînez, où, au-delà de 20 °C et en deçà de 18 °C, vous vous sentez mal, où le moindre bruit et la moindre envie d'uriner vous réveillent et où, surtout, vous ne supportez plus vos enfants ! Dans ce cas, vous êtes pleinement excusée et pouvez avoir recours à toutes les armes possibles : chantage, menaces, colères, impatiences... (mais ne faites pas non plus un gosse par an pour y avoir droit !).

Quatrième vraie bonne raison : les grandes vacances

Les seules vacances de l'année, celles où on rêve de siroter tranquillement un cocktail au bord de l'eau, faire des grasses mat', faire la crêpe au soleil, ces choses simples et tant méritées mais impossibles avant les 15 ans de votre dernier enfant. Cette injustice, vous pouvez leur faire payer (une fois par an, c'est pas grand-chose, après tout). En revanche, les noyades sont proscrites !

Cinquième vraie bonne raison : le match de foot

Pour un PSG-OM, toutes les règles sont abolies ! Vous avez le droit de dire, à côté de vos enfants (oui, parce qu'il n'est pas question de leur faire manquer un match pareil), plus de gros mots que dans votre voiture, de mettre une beigne à votre voisin s'il supporte l'équipe adverse, de balancer des fumigènes sur le terrain, d'insulter l'arbitre... Après tout, c'est pas tous les jours qu'on va voir un match au stade !

— *THE* OUTIL DU CHAPITRE —

Le TEF, ou temps d'échange en famille (made in nous)

Il s'agit d'un moment détendu (du moins on l'espère !) pendant lequel chaque membre de la famille va exprimer les problèmes qu'il rencontre au sein de la maison. Ensuite la famille réunie va chercher des solutions à ces problèmes pour retrouver le plaisir de vivre ensemble (c'est pas gagné) tout en respectant l'espace de chacun. En clair, problème + solution = règle établie. Par exemple : « Pas assez de temps pour jouer à cache-cache le soir » + « On pourrait décider de décaler l'heure du coucher pour avoir ce temps » (dixit les enfants) tvs « On pourrait n'y jouer que le week-end » (dixit les parents) = règle établie : « On jouera à cache-cache le week-end et deux jours dans la semaine en décalant le coucher » (s'ils pouvaient ne plus jamais sortir de leur cachette, ça serait top !). On peut aussi commencer le TEF par un tour d'appréciations pendant lequel chacun dirait « merci » à un membre de sa famille. Ça permet de développer chez chacun un sentiment d'appartenance, d'être reconnaissant et, surtout, de brosser dans le sens du poil celui à qui on va en mettre plein la gueule deux minutes après !

Les enfants, le papier toilette est beaucoup gaspillé. Pour résoudre ce problème, quelle règle pourriez-vous proposer? Je note sur le tableau...
On ne s'essuie plus, tout simplement !
Papa pourrait venir m'essuyer CHAQUE fois, jusqu'à ce que je parte à la Fac ?
On pourrait arrêter de manger? On ferait moins caca !

CHAPITRE 2

LES PARENTS,

des modèles

Nous venons d'apprendre un méga-scoop : figurez-vous que les enfants, depuis qu'ils sont tout bébés, apprennent le plus souvent par l'observation. C'est là que l'expression « les chats ne font pas des chiens » prend tout son sens (et que vous comprenez pourquoi vous ressemblez tant à votre mère !). Par conséquent, nous n'avons plus le droit à l'erreur. Soyons modèles, même top-modèles, en incarnant les compétences que nous souhaitons transmettre à nos enfants. En d'autres termes, soyons irréprochables ou acceptons que nos enfants soient totalement imparfaits (perso, on préfère la seconde option, ça nous évitera de faire trop d'efforts !).

— LISTE DES COMPÉTENCES —

que les parents attendent le plus de leurs enfants

Politesse, **respect,** humour, **connaissance,** *autonomie,* **estime de soi, confiance,** ***autorégulation,*** *joie de vivre,* sens des responsabilités, **courage,** ***goût de l'effort,*** *tolérance,* **solidarité,** esprit d'équipe, *hygiène,* **amour de son prochain,** *sociabilité.*

POURQUOI ET COMMENT TRANSMETTRE CES TALENTS À NOS ENFANTS ?

La politesse et le respect

Pour enseigner la politesse à nos enfants, commençons par nous l'imposer à nous-mêmes ! Ne fermez plus la porte au nez des gens qui sont derrière vous en vous disant : « De toute façon, ils croient que je ne les ai pas vus » ; dites merci à votre belle-mère qui vous a préparé un bon bœuf bourguignon alors que vous êtes végétarien et qu'elle le sait très bien ; dites au revoir à votre mari ou femme, devant les enfants, même si vous vous faites la gueule depuis une semaine… Bref, soyez poli et respectueux devant vos enfants pour qu'ils le deviennent à leur tour !

Humour et joie de vivre

Rire, rire et encore rire ! De soi, avec les autres… D'abord, c'est excellent pour la santé, et en plus, ça fait tellement longtemps que vous n'avez pas ri (ne vous en faites pas, nous non plus, depuis qu'on a des enfants) ! Alors riez des blagues de votre enfant même si elles sont pourries, ne vous vexez pas quand vous vous faites mettre en boîte à la maison et prenez le temps de vous faire des guili-guili le soir, avant de vous coucher.

Autonomie

C'est la compétence 10 en 1 (shampoing, après-shampoing, couleur, coupe, brushing, etc.) qui vous garantit la paix les week-ends et jours fériés : votre enfant pourra préparer son petit déj tout seul, aller faire pipi la nuit sans même que vous vous en aperceviez, faire ses devoirs sans votre assistance – que du bonheur ! Développer l'autonomie chez votre enfant le rendra responsable, épanoui, dans la maîtrise de soi, confiant, dans l'estime de soi, et lui donnera le goût de l'effort couplé d'un sentiment d'appartenance solide. Mais pour ça, il va falloir lâcher du lest, parfois perdre le contrôle, le laisser faire seul, ne pas être trop pressé, accepter ses erreurs, ne pas le comparer à d'autres enfants, être disponible en cas de besoin et le lui dire. Et ne vous minez pas, vous restez indispensable !

Connaissance

Rien de plus simple... Glissez un ou deux livres ni vu ni connu sur l'astronomie et la création du monde entre un *Tchoupi* et un *Reine des Neiges* en croisant les doigts pour que ça intéresse votre bambin. Et, encore plus efficace, restez branché sur Arte ou National Geographic pour faire de votre enfant un crack en requins et toute autre espèce vivante.

Estime de soi et confiance

Encouragez votre enfant avec des « tu es capable », « tu peux le faire », « tu vas y arriver », « tu peux être fier de toi »... C'est peut-être un détail pour vous, mais pour lui, ça veut dire beaucoup !

Autorégulation

Ça veut dire identifier ses émotions, apprendre à les gérer, etc. Décortiquons par exemple les étapes qui peuvent aider votre enfant lorsqu'il pique une colère.

1) « Tu es en colère, c'est bien ça ? » (Vous mettez des mots sur son émotion, et si vous vous loupez, il cherchera l'émotion exacte qui le traverse.)

2) « Tu as besoin de quelque chose ? » (Vous l'aidez à se questionner sur ce dont il a besoin pour se calmer et vous êtes là pour lui.)

3) Vous le laissez exprimer sa colère comme il l'entend : claquer la porte, à condition qu'il ne la casse pas, crier, à condition que vous habitiez en maison indépendante, pleurer, à condition que vous ayez des mouchoirs à portée de main.

Sens des responsabilités

Le problème est qu'aujourd'hui, on donne tellement d'amour et de cadeaux à nos enfants qu'ils ont le sentiment que tout leur est dû. Du coup, pas la peine de faire le moindre effort pour obtenir ce qu'on veut : plus la peine de laver la voiture de papa pour avoir de l'argent de poche, fini le repassage pour se faire des sous et sortir le samedi soir... Quant à l'engagement, c'est devenu un concept totalement abstrait ! Moralité, faites contribuer vos enfants aux tâches de la maison. .

Courage et goût de l'effort

Les clés ? Valorisez ce que votre enfant fait de mieux en mieux en laissant tomber votre perfectionnisme, aidez-le lorsqu'il vous le demande, essayez de trouver avec lui la stratégie pour surmonter l'épreuve plutôt que de vous attarder à comprendre ses émotions (énervement, découragement...). N'oubliez pas que nous devons également faire preuve de courage en tant que parents : ne demandez pas à votre enfant de vous donner la télécommande alors qu'elle se trouve exactement à 10 centimètres de vous, à votre femme d'aller vous chercher une bière dans le frigo mais levez-vous vous-même, et soulevez vos haltères tous les matins pour garder votre forme alors que vous mourez d'envie de vous affaler sur le canapé. Ça, c'est du modèle !

Tolérance

OK, on vous l'accorde, ce n'est pas simple d'avoir de la sympathie pour le petit boutonneux à lunettes et à la voix nasillarde ! Mais essayez de le regarder autrement : avec empathie et bienveillance. Et si on pousse le bouchon un peu loin (Maurice !), vous pouvez même l'inviter à jouer avec votre enfant pour l'éduquer à la tolérance. En tout cas, rien de tel pour éviter la convocation chez le proviseur parce que votre enfant aura lynché le premier de la classe à la récré !

Solidarité et esprit d'équipe

Apprendre à perdre, se faire des passes au foot, féliciter son frère qui a gagné la partie de Scrabble® junior, aider son pote qui est nul en maths pendant les cours… Pour ce faire, demandez à votre mari de vous aider à étendre le linge, passer l'aspirateur, récurer les toilettes (en prétextant que votre enfant deviendra solidaire s'il observe cette coopération dans le ménage), et remplacez de temps en temps les devoirs par des jeux de société en famille sans faire exprès de perdre pour protéger votre enfant de la frustration, il finirait par croire que personne ne pourra jamais le vaincre (et chez le psy parce que ses parents lui auront menti).

Hygiène

La tâche n'est pas simple, d'autant que la plupart des enfants ne voient pas l'intérêt de sentir bon des pieds et d'avoir bonne haleine. Quatre solutions : 1) essayez de rester sur le système du modèle en vous brossant les dents avec eux, en prenant votre douche tous les jours, même le week-end… ; 2) vaccinez-les en leur parlant tout près de leur nez le matin au réveil et en ne prenant pas de douche pendant une semaine (deux jours suffisent pour certains) ; 3) tentez des expériences ludiques avec tout un tas d'accessoires rigolos (chronomètre dans la salle de bains, gant en forme de cochon, gel douche Spiderman…) ; 4) abandonnez (au risque de renoncer par la même occasion à la sociabilité de votre enfant).

Amour de son prochain, sociabilité

La plus belle des valeurs ! Et la plus facile à transmettre aussi… Il vous suffit d'aimer les autres et d'avoir plein d'amis pour montrer à votre enfant à quel point c'est important. OK, ce n'est pas simple pour tous les solitaires, les sauvages, les déprimés… Mais faites-vous violence ! Organisez des barbec' dans votre jardin même si ça sent le graillon, participez à la fête des Voisins même si c'est un peu ring' et invitez régulièrement ses copains de classe à la maison même si ça vous donne des envies de meurtre.

DEVINETTES

Parce que même quand on est adulte, on a le droit de faire des jeux ! Après tout, y'a pas de raison que toutes nos soirées soient consacrées au Dr Maboul ou au Jeu de 7 familles. En plus, si vous êtes mauvais perdant, personne ne s'en rendra compte, parce que vous pouvez les résoudre tout seul. Profitez-en !

1 Je suis capricieux, je suis colérique, je fais trop de bruit, je fais souvent du chantage, je suis lent le matin, je veux choisir mon repas, je ne veux pas m'habiller comme ça, je crie pour me faire entendre, je refuse de me laver tout seul, j'ai peur du noir, je n'aime pas me brosser les dents, je me réveille souvent la nuit, je désobéis, je veux toujours plus, je n'aime pas perdre, je me moque parfois de mon frère, je casse des objets quand je ne suis pas content, je fais des choses en cachette, je veux toujours faire les choses quand ce n'est pas le moment, je dérange tout mon placard quand je cherche une culotte, je fais pipi au lit, je râle le matin, je dis des gros mots, je refuse de faire mes devoirs, je mange avec les doigts, je boude à chaque fois qu'on me dit non.

Qui suis-je ?

Réponse : JE SUIS TON ENFANT !

2 Je te punis lorsque tu fais un caprice, je te crie dessus lorsque tu fais une colère, je te supplie de faire silence lorsque tu fais trop de bruit, je te réprimande lorsque tu fais du chantage, je te presse lorsque tu es lent le matin, je te prive de repas lorsque tu veux choisir quoi manger, je râle lorsque tu veux t'habiller autrement, je hurle lorsque tu cries, je te traite de bébé lorsque tu refuses de te laver tout seul, je refuse de te mettre une veilleuse lorsque tu as peur du noir, je te brosse les dents moi-même lorsque tu refuses de le faire, je t'interdis de te lever la nuit ou tu seras privé de dessins animés, je fronce les sourcils lorsque tu désobéis, je suis en colère lorsque tu veux toujours plus, je te laisse gagner aux jeux parce que tu n'aimes pas perdre, je cède lorsque tu me demandes de faire des choses même si ce n'est pas le moment, je range derrière toi lorsque tu déranges ton placard, je te remets la couche (après trois mois de propreté) parce que tu fais pipi au lit, je te fais la morale lorsque tu râles le matin, je t'interdis de redire des gros mots sans expliquer pourquoi, je te force à faire tes devoirs jusqu'à ce que tu les termines, je te regarde de haut lorsque tu manges avec les doigts, je boude quand tu boudes parce que je t'ai dit non.

Qui suis-je ?

Réponse : JE SUIS TON PÈRE « kchi kchi » (Dark Vador, sors de ce corps) !

Vous l'aurez compris, nous avons tendance à apporter des réponses aux comportements agaçants de nos enfants aussi inappropriées que leur attitude. « Fais ce que je dis, mais ne fais pas ce que je fais » est la devise de 90 % des parents, éducateurs, etc. Et si nous partons du principe que nous sommes leurs modèles, nous leur inculquons alors des compétences nocives : colère, chantage, impolitesse, négligence, dépendance… Une seule solution : la révolution ! Mais avec soi-même… Luttez contre vos automatismes, contre vos tares, contre votre côté dark en vous disant que c'est pour avoir une vie plus paisible, très bientôt. Allez, courage !

— INTERVIEW DU PR SYNAPSE —

Nous avons eu la chance d'obtenir une interview du grand professeur Synaspe, (le comble du) neurologue. Voici ce qu'il nous raconte sur les neurones miroirs, neurones présents dans le cerveau humain et découverts dans les années 1990 par une équipe de chercheurs italiens (fallait bien qu'ils rattrapent leur défaite de 1986 en Coupe du monde !). Voyons ce qu'il nous apprend d'intéressant sur l'éducation de nos enfants...

Bonjour, Professeur. Et merci pour ce temps que vous nous accordez. Que sont ces neurones miroirs exactement ?

Pr Synapse : Les neurones miroirs sont une catégorie de neurones du cerveau qui présentent une activité aussi bien lorsqu'un individu de la même espèce exécute une action que lorsqu'il observe un autre individu exécuter ou même seulement imaginer la même action.

Vous voulez dire que si notre enfant nous voit nous brosser les dents, son cerveau lui ordonnera de faire la même chose ou de s'imaginer en train de le faire ? (Ah non, on oubliait, nous ne sommes pas de la même espèce...)

Voilà, c'est ça.

Intéressant ! Et quelle est leur fonction dans notre cerveau ?

Leur fonction principale est de comprendre les gestes moteurs effectués par l'autre en les comparant à leur propre répertoire moteur. C'est la raison pour laquelle ils joueraient un rôle prépondérant au niveau de l'apprentissage par imitation. Ils seraient également impliqués dans le processus affectif de l'empathie.

Ça en fait, des choses ! Et justement, pouvez-vous nous parler du processus d'imitation ?

Dès leur naissance, c'est par l'imitation que les bébés sculptent leurs voies neuronales pour créer des automatismes de fonctionnement. Le rôle des neurones miroirs commence dès les derniers mois de la vie in utero. C'est le cas au niveau de tous ses sens (goût, ouïe...).

C'est-à-dire que si les mères enceintes mangent beaucoup de légumes, les futurs bébés/enfants/adultes risquent d'aimer les légumes ? (C'est foutu pour les précédents, mais au moins les futurs...)

Absolument !

Et une fois les bébés nés, comment les neurones miroirs fonctionnent-ils ?

Après la naissance, les neurones miroirs s'activent au fur et à mesure que la vision s'améliore. Le développement du bébé se fait par l'observation et le recoupement d'informations liées par exemple au contexte. Ainsi, le froncement de sourcils de la maman provoquera les larmes du bébé, car l'association avec le mécontentement de sa mère sera faite.

Vous parliez tout à l'heure d'empathie...

Il semblerait que le système miroir des émotions permet de simuler l'état émotionnel d'autrui dans notre cerveau et donc de mieux identifier les émotions éprouvées par les individus de notre entourage. Si vous comprenez ce que je fais, vous pouvez entrer en empathie avec moi. Vous vous dites : « S'il prend un mouchoir et qu'il se mouche, c'est qu'il est enrhumé. » Vous comprenez mon intention, donc mon besoin.

Alors expliquez-moi pourquoi lorsque je pleure de désespoir, ma fille me dit toujours que c'est bien fait pour moi ?

Ah ! Les neurosciences n'ont pas toutes les réponses. Mais si je peux vous donner un conseil, soyez exemplaire si vous ne voulez pas vous retrouver devant vos propres défauts.

[Ça calme !]

Merci Professeur pour cet éclairage dont nous nous servirons très certainement en rentrant à la maison (surtout le coup de la brosse à dents !).

— LA JOURNÉE TYPE —

d'une maman DP caricaturée

La maman DP est zen... La maman DP n'est jamais pressée... La maman DP trouve toujours des solutions... La maman DP aime ses enfants matin, midi et soir... La maman DP voit toujours le bon côté des choses... La maman DP n'est jamais stressée... Mais comment elle fait, la maman DP ? Réponse ci-dessous...

6 H 00 **Lever.**

Pendant que toi, tu attaques à peine ta 5e heure de sommeil et que même pour un million de dollars, tu ne te lèveras pas avant 7 heures ! Quoi que...

6 H 02 **Exercice de respiration.**

Alors que ta seule respiration à toi est à 22 h 45, une fois les enfants couchés, la machine étendue, le linge repassé et la vaisselle rangée.

6 H 15 **Footing en musique au parc d'à côté.**

Alors que la seule course à pied que tu fais est pour aller du boulot à l'école des enfants, puis de l'école à la maison, puis de la cuisine à la salle de bains.

6 H 45 **Douche – avec gel douche énergisant revivifiant tonifiant antioxydant purifiant – en musique.**

Alors que toi, non seulement tu dors encore même sous ta douche le matin, voire tu la prends le soir tellement t'es déjà lessivée au lever du lit.

7 H 00 **Réveil des enfants en douceur avec câlins, bisous et mots doux.**

Pendant que toi tu t'es déjà mangé un doudou volant en pleine face accompagné d'un « Mais laisse-moi dormiiiiiiiiiiiir j'te dis ! »

7 H 05 **Petit déjeuner avec fous rires (en mode famille Nutella®), grand moment de partage et choix entre flocons d'avoine et Spécial K® (la liberté chez les DP commence au petit déjeuner).**

Pendant que tes enfants sont encore au lit et qu'ils n'ont pas envie d'en sortir.

7 H 30 **Séance d'habillage avec vêtements préparés la veille avec les enfants.**

Alors que tes enfants changent vingt fois de vêtements et n'ont toujours pas pris leur petit déj.

7 H 45 **Tous à la salle de bains pour un petit cours d'hygiène. On se lave les mains, la bouche et les dents tous ensemble, avec un petit chrono ou une musique qui dure le temps du brossage pour rendre la chose ludique et efficace.**

Pendant que tu t'enfonces dans des explications vaseuses pour leur faire comprendre que s'ils ne se brossent pas les dents, ils auront mauvaise haleine, et que s'ils ont mauvaise haleine, ils n'auront plus de copains !

8 H 00 **Un petit temps dédié où l'enfant DP choisit ce qu'il veut faire : jeu d'osselets – si, si, ça existe encore –, Kapla® ou autre jeu authentique pour un vrai moment de partage.**

Pendant que tu prépares en deux temps trois mouvements de quoi faire petit-déjeuner tes enfants sur la route de l'école – forcément, y'a plus l'temps !

8 H 15 **En route pour l'école, tous bien coiffés, frais, propres et heureux de se séparer pour mieux se retrouver. Et sur la route, petite séance d'encouragements à coups de « Je vous remercie d'avoir aidé maman à mettre la table du petit déjeuner » ou de « Vous pouvez être fiers de vous d'avoir été si responsables de votre temps ce matin. »**

Pendant que tu engueules tes enfants qui n'ont pas été fichus de se lever à l'heure et qui ont mis tout le monde en retard.

8 H 45 **Au boulot.**

Pendant que tu n'es que sur le chemin, les ch'veux en vrac et les doigts encore dans la prise.

12 H 45 **Pause déjeuner chez Exki avec au menu une salade de quinoa bio, un jus de carotte et un müesli pour le dessert.**

Pendant que tu te morfonds sur tes lasagnes chèvre-épinards pour noyer ton chagrin.

13 H 30 **Balade autour du pâté de maisons pour se ressourcer et garder la forme.**

Pendant que toi tu manges encore...

16 H 00 **Génial ! C'est déjà l'heure d'aller chercher les enfants !**

Alors que tu as engagé une nounou pour qu'elle y aille à ta place, quitte à faire des heures sup'. sans augmentation de salaire, pourvu que tu ne croises pas tes mômes avant 20h.

RIP

LES GROS MOTS

Aaaaah ! Mais c'est quoi ce
[illegible] de [illegible] ! [illegible] de
[illegible] de
[illegible] !
T'es
[illegible] ou tu
fais exprès ?!

16 H 30 **Goûter à la maison.**

Alors que tu es toujours au travail.

16 H 45 **Atelier peinture pour développer créativité, imagination et autres compétences.**

Tu sais, celui que tu sors une fois par an quand vraiment tu ne sais plus quoi faire pour occuper tes enfants !

17 H 45 **Heure du bain des enfants – moussant avec une touche d'huile essentielle de lavande.**

Alors que toi tu leur donnes une douche parce que la semaine, pas le temps de prendre un bain !

18 H 15 **Devoirs sous le signe de l'autonomie – l'enfant DP fait ses devoirs tout seul, mais il sait qu'il peut compter sur ses parents s'il a besoin d'aide.**

Alors que toi tu t'accroches au tien comme une sangsue jusqu'à ce qu'il termine son travail.

18 H 45 **Dîner, avec au choix gratin de brocolis ou poêlée de légumes d'antan avec temps d'échange en famille (le TEF, en langage DP) pour fixer les routines de la semaine en coopération avec les enfants.**

Alors que les tiens font voler les assiettes dans tous les sens.

19 H 30 **Temps dédié, avec au programme : histoire et débriefing de la journée de chacun – moments préférés et moments moins appréciés.**

Pendant que tes enfants se battent parce qu'ils ne veulent pas la même histoire.

20 H 00 **C'est reparti pour un « mains, bouche, dents » hygiénique et ludique.**

Pendant que toi tu leur brosses les dents parce qu'ils vont trop lentement.

20 H 15 **Tout le monde au lit avec un gros bisou, une caresse et un mot doux.**

Alors que tu es encore dans le couloir en train de traîner les tiens par les cheveux pour qu'ils aillent dormir.

20 H 30 **Dîner en amoureux avec papa DP.**

Amoureux ? Ça veut dire quoi déjà ?

21 H 00 **Film pour se détendre avec son chéri de mari.**

Alors que le dernier film que tu as vu était Dirty Dancing en 1990.

22 H 45 **Séance de lecture avec comme livre de chevet *La Discipline Positive*, de Jane Nelsen.**

Pendant que toi tu viens d'entamer ton dîner et que ton mari est au foot avec des potes.

23 H 00 **Dodo.**

Pendant que toi tu étends ta lessive...

LES 11 COMMANDEMENTS
du parent positif

1 Un exemple, tu seras

Nos enfants nous observent constamment. Notre façon d'agir et de réagir dans certaines circonstances conditionne leurs propres réactions. Un enfant apprend en jouant, par expérience et par imitation. C'est davantage de nos comportements en tant que parents que de nos explications que nos enfants apprennent le savoir-vivre et le savoir-être. Plus nous serons polis, bienveillants avec nos prochains, plus nos enfants le seront naturellement. Exemple : si vous pétez dans des lieux publics, ne vous étonnez pas que vos enfants pètent à table !

2 Déculpabiliser, tu devras

On ne le répétera jamais assez, mais les parents parfaits n'existent pas ! Vous êtes entré comme nous tous dans la parentalité avec beaucoup de principes éducatifs, parfois trop rigides (il est interdit de lécher l'opercule du yaourt) ou inadaptés (il est interdit de se toucher le zizi, c'est mal) ; aujourd'hui, vous devez tout revoir ! N'oubliez pas : on ne naît pas parent, on le devient. Soyez indulgent avec vous-même et déculpabilisez : des erreurs, de toute façon, vous en ferez plein, et elles sont de merveilleuses occasions d'apprendre et de se dépasser !

3 Des limites, tu poseras

De nombreuses personnes confondent parentalité positive et laxisme. Pourtant, la parentalité positive, c'est tout le contraire. Un enfant a besoin de limites claires et sécurisantes. Vous en fixerez à votre enfant tout en vous attendant cependant à ce qu'il tente de les dépasser. Veillez donc à être cohérent par rapport à ces limites, en allant toujours au bout de ce que vous avez énoncé sans vous laisser embarquer dans le traditionnel : « Bon, encore une histoire, mais c'est la dernière des dernières des dernières, des dernières, d'accord ? »

4 De ton passé, tu apprendras

Afin de mieux appréhender les réactions et les ressentiments qui surgissent dans notre quotidien de parent, il est important de s'interroger sur notre passé d'enfant, comprendre ce qu'il y avait de meilleur dans l'éducation que nous avons reçue, mais aussi avoir le courage de s'éloigner de certains schémas d'éducation qui sont obsolètes, pour ne pas les reproduire. C'est aussi le moment de pardonner à nos chers parents, qui eux aussi, se sont lamentablement plantés parfois. Câlinothérapie pour tout le monde !

5 Ton enfant, tu encourageras et valoriseras

Rappelez-vous que l'encouragement amène l'enfant beaucoup plus loin que la critique et la punition. « L'encouragement est à l'enfant ce que l'eau est à la plante », disait Dreikurs. Il lui insuffle la force et le courage nécessaires pour affronter tous les obstacles et contribue au développement de la confiance en lui, de l'estime de soi. Doit-on pour autant leur dire chaque jour qu'ils sont les plus beaux, les plus intelligents et les plus gentils enfants du monde ? En même temps, si c'est vrai...

6 Les émotions et besoins de ton enfant, tu écouteras

Lorsque vous trouvez votre enfant « insupportable », demandez-vous ce qu'il est en train d'exprimer. Dans ces moments-là (à défaut de pouvoir appuyer sur le bouton « mute » de la télécommande pour enfant relou), l'écouter attentivement s'avère être la meilleure solution plutôt que d'aller à la confrontation. Il se peut également que ce comportement exécrable soit simplement la traduction d'un besoin non assouvi : dormir, manger, besoin d'attention, de calme, d'espace... Essayez une séance de *free hug*, c'est une méthode très efficace !

7 La vérité, tu diras

Votre enfant doit pouvoir vous faire confiance. Il est donc exclu de lui mentir ou de le manipuler. En revanche, affirmer qu'il n'y a plus de Schoko-Bons alors que vous vous gardez les trois derniers pour le dessert quand il sera couché semble être tout à fait acceptable. Ne pas mentir ne signifie pas tout dire non plus. Se cacher derrière la porte des toilettes pour engloutir les trois derniers, ce n'est pas mentir, c'est faire des choses en cachette. D'ailleurs, vous ne mentez pas, il n'y en a vraiment plus... Et puis, vous préservez le taux de sucre dans le sang de votre enfant et lui éviter d'avoir des caries, donc, vraiment, pas de quoi culpabiliser.

8 Te plaindre, tu t'autoriseras

N'hésitez pas à répondre honnêtement par un « non, ça ne va pas aujourd'hui » quand on vous demande comment vous allez et que ça va mal. Vous n'êtes pas obligé non plus de raconter TOUTE votre vie. L'enfant a besoin de savoir que vous n'êtes pas invincible, même si vous avez des super-pouvoirs (vous gratter le nez avec votre auriculaire du pied droit, par exemple). Il vous arrive à vous aussi parfois d'avoir le moral au fond des chaussettes. N'hésitez pas à lui dire que vous avez passé une mauvaise journée ou que vous êtes particulièrement fatigué ce soir et que vous aimeriez dîner dans le calme. Après tout, vous êtes humain avant d'être parent.

Et n'hésitez pas à parler à votre entourage si vous vous sentez parfois dépassé par certaines situations. L'isolement, la fatigue et le stress sont les trois ennemis des parents. Le fait de parler à une oreille attentive et bienveillante permet de les combattre.

9 Plein d'amour, tu donneras

Au lever, au petit déjeuner, au déjeuner, à la sieste, devant un DVD, pendant le bain, en jouant, au parc, ou à tout autre moment de la journée, montrez votre amour à votre enfant. Que ce soit en le disant ou en le montrant, faites preuve d'amour et d'affection envers lui. Savoir qu'on est aimé est à la base de l'estime de soi.

10 Autonomie et responsabilité, tu développeras

Si vous souhaitez responsabiliser votre enfant, considérez-le comme un être responsable. Et la meilleure façon de développer la responsabilité chez un enfant est de lui en donner. Encore faut-il qu'elle soit mesurée et corresponde à son âge. Ce n'est pas pour autant que vous devez vous dédouaner de votre rôle d'adulte. Pas sûr que votre fils de 3 ans soit capable de toiletter le chien alors qu'il a déjà du mal à se laver les dents.

11 Ton enfant, comme ton égal, tu respecteras

Évidemment nos enfants naissent en sachant moins de choses que nous (encore que, à partir du CE2, ça commence à se compliquer pour bon nombre d'entre nous...). Un enfant est un être humain, avec une conscience et une sensibilité à préserver. Il a autant de choses à vous enseigner que vous à lui. Partez du principe qu'il comprend tout et qu'il est très intelligent. On vous autorise du coup à parler en langage codé frenglish, langue des signes, langue de feu, bref, ce que vous voulez :

« Where are les C-A-D-E-A-U-X de N-O-Ë-L for the kids ?

– All the regalos are planqued under the bed. »

— *THE* OUTIL DP DU CHAPITRE —

la liste des compétences

Dressez, avec votre conjoint si vous en avez un, une liste des compétences que vous souhaitez transmettre à votre enfant et accrochez-la sur votre frigo. Ensuite, à chaque fois que vous serez en interaction avec lui, filez dans votre cuisine, rivez vos yeux sur votre frigo et demandez-vous quelle est la compétence que vous êtes en train de lui enseigner. Si vous l'avez identifiée, c'est que vous êtes sur la bonne voie. Si la réponse est « aucune », c'est qu'il va falloir changer de stratégie ! Allez, c'est cadeau !

Alors, raconte-nous comment en es-tu arrivée là ?...
PEINTURE MURS

CHAPITRE 3

APPRENDRE DE SES ERREURS,

un bel enseignement

L'erreur est humaine ? Alors on aimerait tellement que nos enfants soient des extraterrestres ! Jamais de mauvaises notes, jamais d'échecs, des petits soldats, quoi ! L'erreur est si dure à accepter... Peut-être parce qu'elle nous renvoie en pleine figure nos imperfections, et en bonus, celles de nos enfants. Ou peut-être aussi qu'on en a peur comme du Grand Méchant Loup !

Il y a deux clans : les optimistes, qui voient l'erreur comme une seconde chance, une opportunité d'apprentissage, et les pessimistes, qui la perçoivent comme un échec, une entrave à l'estime de soi (nous, on fait partie des seconds, mais on y travaille !).

Seulement voilà, il va falloir s'y faire, parce que l'erreur fait partie du processus d'apprentissage. Si nous avions le courage d'être imparfaits, la vie serait moins laborieuse !

— 8 PHRASES —
à ne jamais prononcer quand votre enfant se plante

Ces pauvres enfants s'en prennent plein la bouille dès qu'ils font le moindre faux pas. On leur reproche de ne pas être fichus de faire des maths sans erreurs dans leur calcul, ni capables d'écrire une phrase sans une faute d'orthographe et, l'erreur suprême, de ne pas réussir à colorier sans déborder ! Voyons comment les décourager à faire mieux en huit leçons (à ne pas reproduire à la maison !)

1. **« Qu'est-ce que tu as encore fait ?! »**
2. **« T'as eu une mauvaise note ? Tu n'avais qu'à réviser ! »**
3. **« Tu n'as rien écouté ! »**
4. **« Laisse tomber, je vais le faire, ça ira plus vite ! »**
5. **« Tu n'as rien compris... »**
6. **« Que tu t'y prends mal ! »**
7. **« C'est fou comme tu es maladroite ! »**
8. **« Tu t'es encore trompé ?! ».**

CORRIGEZ-VOUS

1 « Que s'est-il passé ? »

2 « Tu as fait de ton mieux. Comment puis-je t'aider pour mieux réussir la prochaine fois ? »

3 « Si tu as besoin que je répète, dis-le-moi. »

4 « Tu peux le faire. Si tu as besoin d'aide, tu peux compter sur moi. »

5 « As-tu besoin que je t'explique à nouveau ? »

6 « Comment peux-tu t'y prendre autrement pour réussir ? »

7 « Tu as renversé ton verre, que peux-tu faire pour nettoyer ? »

8 « Tu t'es trompé ? C'est super ! Qu'as-tu appris »

— APPRENDRE DE SES ERREURS —

mode d'emploi

Bonne nouvelle : on apprend davantage de ses erreurs que de ses réussites ! Eh oui, vos parents vous l'ont toujours caché... Pour vous, c'est foutu, mais pour vos enfants, il est encore temps de se pencher sur la question. Comment faire, nous demanderez-vous ? C'est tout un processus. Mais si vous vous y entraînez, la magie opérera (croix d'bois, croix d'fer, si on ment, on va en enfer !). Plus besoin de punir votre boubou (sauf pour vous défouler, bien sûr). Ouf ! Et en plus, vous préserverez son estime de soi ! À prendre, ou à laisser !

« On apprend davantage de ses erreurs que de ses réussites »

Contre toute attente, ce principe est très logique. Par exemple, quand votre enfant réussit à faire son exo de maths du premier coup, il a atteint son objectif, il n'a donc plus rien à apprendre. En revanche, si pour lui, 3 × 3 = 10, il devra identifier son erreur, recompter, réfléchir pour trouver la bonne réponse (qui est 9, sait-on jamais si vous avez du mal à le résoudre, vous aussi), comprendre l'origine de son mauvais calcul (et, par pitié, ne plus jamais faire de maths de sa vie). En résumé, il devra apprendre de son erreur et activer ses neurones. N'est-ce pas formateur ?

« Les erreurs, des opportunités d'apprentissage »

C'est justement parce que votre enfant se trompe qu'il n'est pas en train d'échouer mais en train d'apprendre. Les échecs sont instructifs et nous permettent de nous améliorer toujours et encore. Si vous en êtes convaincu, il le sera aussi et ne tirera de ses erreurs que du positif. Les erreurs sont nos amies, il faut les aimer aussi ! Vous pourrez alors vous intéresser à ce que votre enfant a voulu faire plutôt qu'à ce qu'il a mal fait et identifier les compétences à travailler avec lui.

Prenons l'exemple du vélo. Comment apprend-on à en faire ? Comme si la première fois qu'on montait dessus, on ne tombait pas ! Il faut bien tomber pour se relever. Et il faut bien se relever pour remonter encore. Sans compter qu'il faut répéter l'opération plusieurs fois pour apprendre à ne plus tomber. Donc il faut tomber pour apprendre à faire du vélo. (C'est à cet instant précis que vous remercierez votre prof de maths de lycée et ses théorèmes. Merci !)

5 talents à transmettre à votre enfant pour le rassurer face à ses échecs

• **La patience :** « Il faut du temps pour apprendre. » (Et le temps, c'est de l'argent. Bon OK, ça n'a rien à voir.)

• **La progression :** « Tu peux te planter parce que tu t'améliores et tu peux en être fier. »

• **Les efforts :** souvenez-vous du fameux dicton « Après l'effort, le réconfort ». C'est le moment d'en user et d'en abuser ! Et s'il préfère encore se vautrer devant la télé plutôt que de travailler ses difficultés, nous avons une phrase magique pour lui : « Les champions sont ceux qui font le plus d'efforts ! » (Allez, on croise les doigts.)

• **La responsabilité :** « C'est toi qui décides si tu veux y arriver ou non [conseil à double tranchant, mais ça se tente]. Tu as le contrôle de la situation ! »

• **L'estime de soi :** « Ce n'est pas parce que tu t'es planté que t'es nul ! Ce n'est pas parce que tu as volé une fraise Tagada au stand de bonbons que tu es un voleur ! » En gros, lui expliquer que l'habit ne fait pas le moine (on essaie de placer tous les dictons qu'on connait dans notre article). Comme ça, pas d'étiquette qui enferme votre enfant dans une identité alors qu'il ne s'agit que d'un échec à un instant T.

5 questions à lui poser pour qu'il apprenne de ses erreurs

(Inspiré de *Une nouvelle psychologie de la réussite*, de Carol Dweck.)

1 « Quelles sont les compétences que tu as acquises aujourd'hui que tu n'avais pas la semaine dernière ? »
Réfléchissez-y avant au cas où il n'aurait rien acquis.

2 « Qu'as-tu appris de ton erreur du jour ? »

3 « As-tu fait de ton mieux ? »
S'il dit « oui », vous lui répondrez qu'il peut être fier de lui. S'il répond « non », vous lui direz que c'est merveilleux parce qu'il peut encore faire mieux. (C'est une arnaque, quoi ! Chuuuuuut !)

4 « Sur quoi as-tu consacré tes efforts aujourd'hui ? »
(Nous n'acceptons pas le « sur rien »)

5 « Quelles informations peux-tu retenir pour apprendre de cette expérience ? »
Il aura certainement besoin d'aide, rien que la question est déjà compliquée !

CHÉRI
j't'ai envoyé un SMS !

Nous vous le disions, nous sommes des modèles, y compris dans les erreurs. Ce qui implique que lorsque nous faisons des bourdes, les reconnaître et les corriger devant nos enfants n'est ni un aveu de faiblesse, ni un manque d'amour-propre. C'est bien au contraire une marque de respect et d'humilité qui enseigne à nos enfants le talent de reconnaître et réparer ses erreurs. Voici une maman qui a bien compris le processus…

« Mon petit cœur, tout à l'heure j'ai fait une erreur.

– Oui ça c'est sûr, maman !

– Je suis désolée d'avoir jeté ton doudou au vide-ordures simplement parce que tu ne voulais pas venir te brosser les dents.

– J'allais v'nir en plus, et t'es pas dans ma tête !

– Tu as raison, j'ai besoin de ton aide pour qu'on trouve une solution ensemble. T'es d'accord ? »

Normalement, notre expérience laisse penser que Jules-Alfred vous aidera à réparer votre erreur et, surtout, qu'il s'inspirera de votre super-méthode magique pour réparer les siennes (ou pas…).

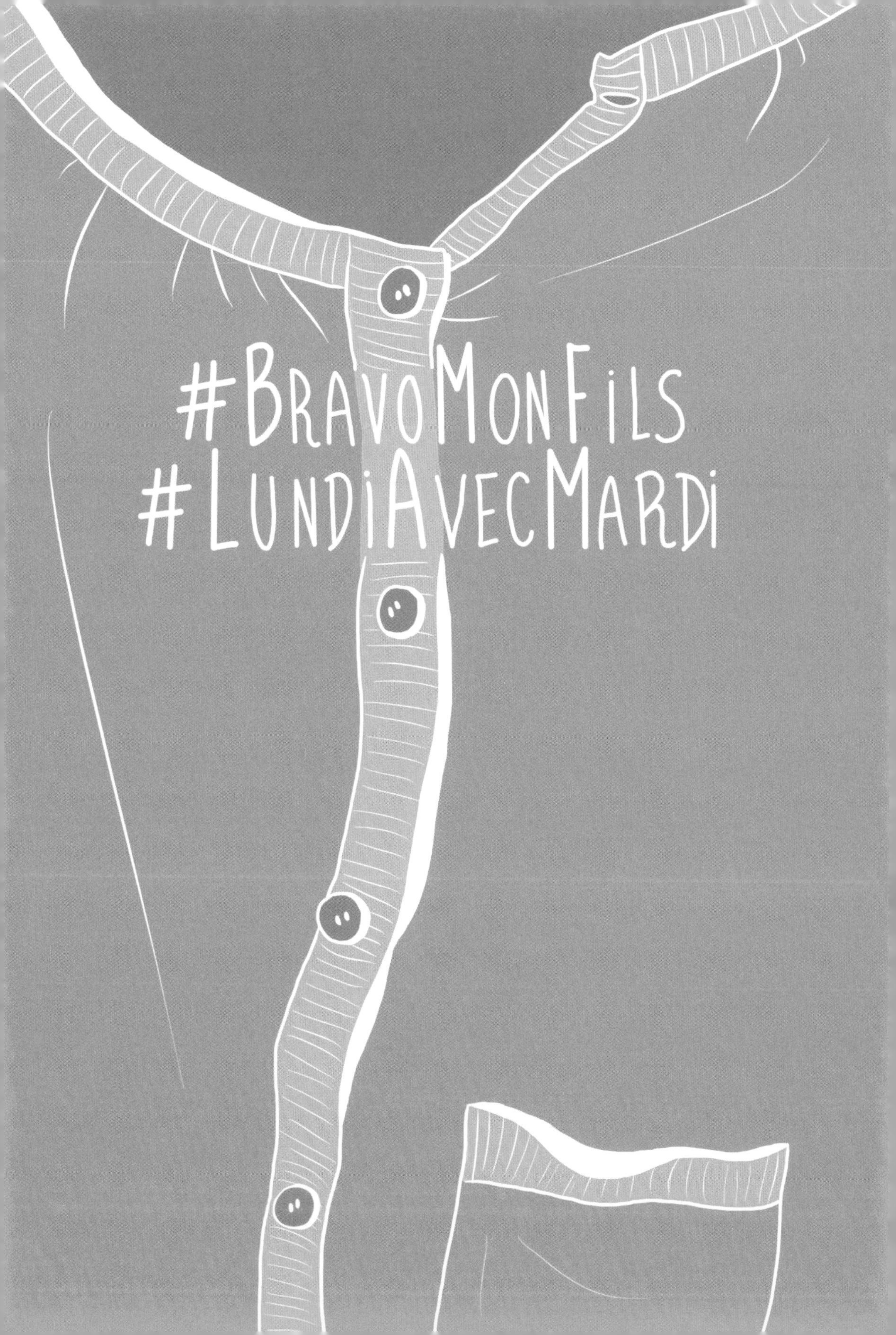
#BravoMonFils
#LundiAvecMardi

3 ÉTAPES DP
pour sortir grandi de ses erreurs

Les 3 « R » de la réparation...

Reconnaître sa part de responsabilité

Pas facile pour les plus orgueilleux d'entre eux (et d'entre nous) ! Pour ça, il faut prouver à votre enfant que c'est une force d'avouer son ignorance, son incapacité à faire quelque chose, et une chance de se tromper, parce qu'on peut recommencer et s'enrichir davantage. Super, mais comment s'y prendre ? En commençant par admettre vos propres responsabilités face à vos erreurs et conflits avec vos mioches, pour ensuite leur filer le virus. N'oublions pas deux choses essentielles : pour qu'il y ait conflit, il faut au moins être deux ; nous sommes des modèles de chaque compétence que nous souhaitons transmettre à notre progéniture.

Propositions de phrases pour reconnaître ses erreurs (faites passer le message à votre enfant)

- « Oups, j'me suis trompé ! »
- « Aïe, j'ai délavé ton tee-shirt préféré ! »

En dehors du fait que votre fils va vous pourrir parce que vous avez bousillé son vêtement, vous pouvez être certain qu'il est en bonne voie d'apprentissage pour reconnaître ses erreurs.

Réconcilier

C'est le pardon, l'assurance du cessez-le-feu à la maison. C'est aussi ce qui nous arrache la bouche ! Mais une fois la première étape franchie, celle-ci est beaucoup moins lourde. Allez, courage, on ravale sa salive et on y va !

Propositions de phrases pour que vos enfants se réconcilient avec vous après une grosse bêtise :

- « Je suis désolé d'avoir coupé la queue du hamster. »
- « Je regrette d'avoir crevé les pneus de la voiture. »

Même si ni votre hamster, ni votre voiture ne sont récupérables, on avance dans la communication au sein de la famille.

Résoudre

C'est impliquer votre enfant dans la recherche de solutions. On sous-estime souvent leur capacité à résoudre les problèmes, alors qu'ils sont étonnants. Et retenons que plus l'enfant sera partenaire de la résolution de problèmes, plus il coopérera dans le processus de paix. Le jeu n'en vaut-il pas la chandelle ?

Propositions de phrases pour résoudre un problème

– « J'ai besoin de ton aide pour fouiller dans la poubelle et retrouver mon alliance en diamants que tu as jetée. »

– « J'aimerais qu'on trouve une solution ensemble concernant le ticket gagnant du loto que tu as donné à la voisine (qu'on ne reverra plus jamais). »

No comment...

— QUELQUES TUYAUX —
pour dédramatiser l'erreur à la maison

Partager son « erreur du jour »

Imaginez-vous à table, entre les concombres et les lasagnes, assis avec vos enfants. Et là, tout naturellement, vous partagez votre erreur de la journée. Exemple classique : « Vous savez quoi, les enfants ? Ben aujourd'hui, j'ai demandé à la mère de Quentin : "Alors, c'est prévu pour quand ?" Sauf qu'elle n'est pas enceinte, elle a juste pris du poids. La méga-bourde ! Et vous ? C'est quoi votre erreur du jour ? »

Vous l'aurez compris, cet exercice permet de complètement banaliser les erreurs, de ne plus en avoir peur puisqu'on en fait tous (sauf vous, évidemment, mais ça, il ne faut pas leur dire), et si vous avez des enfants créatifs, ça permet d'inventer des histoires rigolotes même si on n'a pas d'erreur à raconter.

Encourager ce qui réussit

C'est bien connu, plus on met le focus sur une situation, plus on risque de la cristalliser. Dans ce cas, mettons le focus sur les victoires de nos enfants, ça leur permettra d'en remporter davantage ! Sans compter que ça leur permettra de se rendre compte qu'ils réussissent aussi !

Ne pas se précipiter pour intervenir quand ils se trompent

Que c'est tentant de voler au secours de votre petite sirène qui n'arrive pas à résoudre son équation, que c'est angoissant de laisser votre petit Superman partir à l'école sans son cartable parce qu'il l'a oublié sur le pas de la porte. Mais dites-vous bien que vous êtes en train de lui offrir la meilleure école de la vie : celle de l'apprentissage de l'autonomie, de la responsabilité et du goût de l'effort (par la même occasion, il découvrira les plaisirs des mots sur le cahier de textes ou des heures de colle – on ne peut pas tout avoir !).

THE OUTIL DP DU CHAPITRE

les 3 « R » et l'encouragement

Les 3 « R » de la réparation

1. Reconnaître sa part de responsabilité.
2. Réconcilier.
3. Résoudre.

L'encouragement

Il s'agit d'encourager son enfant même quand il se trompe, SURTOUT quand il se trompe ! Le féliciter pour son courage, ses apprentissages, ses efforts. Finalement, lui montrer que ce qui est important, c'est le cheminement, pas le résultat !

CHAPITRE 4

ÉMOTION,

quand tu nous tiens !

Quelle joie d'éprouver des sentiments dans son petit cœur ! Que c'est rassurant de savoir que l'on partage les mêmes émotions que n'importe quelle personne au bout du monde ! Quel bonheur de sentir ses enfants vivants parce qu'ils éprouvent des sentiments naturels ! Mais la plus grande réjouissance est de savoir à quoi servent ces émotions : la joie lorsqu'on nous fait du bien, la peur pour affronter le danger, la colère pour panser une blessure ou rétablir la justice... Mais quelle galère à gérer ! Voyons comment appréhender ces émotions rebelles de la personnalité (un peu plus redoutables que les Rebelles de la forêt !).

CAPRICE OU COLÈRE ?

Qui n'a jamais croisé des parents avec, dans leur porte-bébé, des petites bêtes de moins de 3 mois accusées de faire un caprice dès qu'elles versent la moindre larme ou qu'elles poussent le moindre cri. Mais vous, parents au porte-bébé, croyez-vous vraiment qu'un petit bout de cette jeune espèce est capable de faire un caprice ? D'ailleurs, c'est quoi un caprice ? Ne serait-il pas plutôt en train d'exprimer une colère ou un mécontentement ?

Arrêtons de tourner autour du pot ! Le caprice n'existe pas avant les 4 ans de votre enfant, minimum. Allez, parce que c'est vous, disons qu'avant 3 ans, le caprice n'est pas un caprice mais plutôt une colère.

Le caprice impliquerait que nos petits moustiques pensent dans leur petite tête que s'ils crient, ou trépignent, ou adoptent tout autre comportement agaçant leurs parents, ils obtiendront ce qu'ils veulent. En langage courant, ça s'appelle de la manipulation machiavélique aiguë (enfin, dans notre langage courant). Pas sûr qu'ils en soient capables si petits... Les parents appellent « caprice » tout ce qui leur échappe, toute émotion intense et impossible à décoder.

Et si on se posait plutôt les bonnes questions avant de s'empresser de classer ces réactions dans la catégorie des caprices ? « Est-ce qu'il n'est pas en train de nous envoyer un message ? » « Est-ce qu'il ne s'agirait pas d'une réaction masquant un autre sentiment que celui qui semble être exprimé ? » Ah ! En voilà des questions intéressantes !

La colère, elle, se vit à l'instant T.

Étude de cas

Le copain de votre enfant a les toutes dernières Nike Huarrache et le vôtre veut les mêmes ! Seulement, voilà, vous tenez à garder vos économies pour une séance de massage en couple (mais surtout ne vendez pas la mèche ou il vous haïra jusqu'à la fin de vos jours). Il est en colère, frustré. Il se roule par terre dans le centre commercial. Caprice ou colère ? La différence va se jouer dans notre perception de la situation. Et la nôtre nous amène à comprendre qu'une simple impulsion a ordonné à son corps de réagir de cette façon. Colère !

Ne nous précipitons pas vers le diagnostic « caprice » car, n'oubliez pas, lorsqu'un besoin est satisfait, l'émotion sera positive et le comportement adapté. Dans le cas contraire, la scène risque de durer péniblement. En résumé, achetez-lui sa paire de Nike et qu'on n'en parle plus ! *(It's a joke !)*

#MaisNon JeSuisCalmeLàBordel !

— LE CRI, —
notre pire ennemi

Je crie, tu cries, il crie, nous crions, vous criez, ils crient. Voilà un verbe qui s'accorde à toutes les personnes mais qui mériterait d'être éliminé de la conjugaison française ! Tout le monde crie. Et surtout nous, les parents. Pour mieux nous faire entendre certainement ? À croire que tous les enfants de la planète ont un problème d'audition. Et si, plutôt que de continuer à leur crier dessus jusqu'à ce qu'on soit obligés de consulter un ORL, on essayait d'être honnêtes ? Allez, entre nous... Il entend très bien, votre petit ! Vos cris sont juste la preuve que vous perdez le contrôle de la situation ! On a quelques tuyaux pour vous aider à crier de moins en moins. Suivez-nous, c'est par ici ! (P.-S. : ça fera 150 euros la consult'.)

Avant de vous apporter nos outils, il faut que vous compreniez bien le pourquoi du comment. Nous nous mettons à crier sur nos enfants lorsqu'ils ne font pas ce qu'on leur demande, et aussi quand on n'a pas dormi depuis trois ans. Ça vous parle ? Mais quel est notre objectif, dans ces moments-là ? Nous défouler ou amener, ni vu ni connu, notre enfant à coopérer ? Coopérer bien sûr ! (Quoi que, parfois, ça fait du bien de se lâcher...) Dans ce cas, un conseil, aucun intérêt à passer nos nerfs sur notre bestiole (surtout si on a besoin de son aide pour passer la serpillière ou emmener le chien au toilettage !). Et si, par chance, il nous obéit au doigt et à l'œil quand on lui hurle dessus, c'est qu'il nous craint plus que Cruella, ce qui implique qu'il a perdu toute confiance en nous. À choisir, mieux vaut ressembler à Casimir !

Les cris sont bien souvent accompagnés de menaces, de sermons, de chantages. Tout ce qu'on aime, quoi ! Du coup, ils sont parfois plus mal vécus que la fessée (cela ne signifie pas que vous êtes autorisé à remplacer les cris par la fessée !) et nos petits risquent de prendre leur revanche ou d'adopter en conséquence tout autre mécanisme de défense farfelu. En bref, on risque de foutre en l'air nos relations POUR TOUJOURS ! On se retrouve alors dans des luttes de pouvoir dans lesquelles personne ne sort gagnant. OK, ils s'occuperont peut-être du toilettage du chien, mais surtout de nous pourrir la vie un peu plus !

Autre chose : si ça vous arrive de leur crier dessus en réponse à une émotion trop forte à votre goût, inutile d'espérer qu'ils apprennent à gérer leurs émotions ! C'est le fameux « Fais ce que je dis, mais ne fais pas ce que je fais ». Pas très crédible, madame Bidule ! Les risques ? Que leurs colères s'accentuent, ou qu'ils s'interdisent de les exprimer de peur de se faire hurler dessus ! Et qui dit émotions refoulées un jour, dit grosses névroses toujours ! Alors, on essaye plutôt de comprendre nos émotions, celles de nos gnomes, de prendre de la hauteur et de chercher des solutions avec notre descendance, avec respect et bienveillance (si possible !). Comment ? Suivez-nous, c'est par là ! (Désolées de vous balader à droite et à gauche, mais le chemin de la bonne route est une vraie randonnée !)

Quelques clés

– Fixer un cadre en famille et s'assurer qu'il est bien compris par tous (les incompréhensions peuvent si vite arriver !).

– User et abuser de la signalétique à la maison : des panneaux qui brillent partout où les règles sont à appliquer.

– S'assurer qu'il a bien entendu la demande : quand il est en pleine scène de mariage entre Ken et Barbie, il ne vous entendra pas !

– S'assurer que la demande est adaptée : une seule demande à la fois, accessible à son âge, courte et compréhensible. (Si vous vous lancez, avec votre enfant de 3 ans, dans un truc du genre : « Mon ange, aurais-tu l'amabilité de descendre chercher du pain afin de préparer le pain perdu selon la recette de tata Régine qui m'a généreusement transmis son secret ? Et aussi, quand tu reviendras, je souhaiterais que tu recouses ton pantalon de smoking que tu as déchiré lors du mariage de notre cousin Germain. ». Il risque de ne rien capter et de finir à l'asile !

– Encourager ses efforts : des séances d'encouragements peuvent être organisées (soyons fous !).

– Ne pas être pressé ni impatient du résultat : si vous lever plus tôt le matin pour éviter les cris est utile, alors achetez un coq ! (Le réveille-matin marche aussi.) Et veillez à laisser le temps à votre nain de jardin de faire ce que vous lui demandez.

– Exprimer ses émotions : ce n'est pas une honte de dire ce qu'on ressent quand on est parent (sauf quand on est frustré de ne pas avoir eu de Kinder® Surprise comme son enfant, là, c'est la honte). Au contraire, ça le rassurera de savoir que son père n'est pas Robocop !

– Se faire du bien : c'est la clé du bonheur, l'antidote des cris ! Le PLAISIR de se sentir mieux. On peut se rappeler avec son enfant un bon moment de la journée, lui demander un câlin, faire une bonne séance de Zumba, dîner avec les copains, dormir, beaucoup dormir, dormir toute la viiiiiiiiiiiiiiie !

BON POUR

décompresser
par une séance
de shopping
avec les copines

* Pendant que Papa garde les enfants

— 4 LETTRES —

pour être empathique coûte que coûte

Qui l'eut cru ? Turlututu, chapeau pointu... Seulement quatre lettres et la communication devient un jeu d'enfant ! Je veux, je prends ! Non, parce que c'est vrai qu'on ne se comprend pas toujours, avec les gnomes. Leur colère nous renvoie à quelque chose d'insupportable et finit toujours par nous contaminer. Par le pouvoir de la communication ancestrale, je détiens le secret ! Bon allez, Musclor, sors de ce corps et donne-nous ta formule magique !

Marshall Rosenberg, l'inventeur de la communication non violente, a structuré sa démarche sur l'empathie et la bienveillance en seulement quatre lettres. OSBD. WTF ? (Non, ça c'est pas de lui, c'est... Ça veut dire, euh... Laissez tomber.) Bref, revenons à nos moutons. Ce qui est top, c'est que cet outil marche aussi bien avec eux qu'avec nous-mêmes. Votre enfant pique une colère et ça vous met en colère (une histoire de colère, quoi !) ? Au lieu de lui rentrer dans le lard, essayez donc les quatre étapes de la communication bienveillante.

1 — **Observation :** vous êtes comme une caméra qui filme la scène. Lorsque vous vous adressez à lui, vous restez donc factuel, l'objectif étant de ne pas interpréter ses émotions et encore moins de les juger. Exemple : « Je constate que tu as fais un trou dans la porte. »

2 — **Sentiment :** il s'agit là d'exprimer ce que VOUS ressentez dans cette situation, car VOS émotions n'engagent que VOUS. Exemple : « Je me sens démunie » (tu m'étonnes, vous avez tourné le dos et boum !, on a foutu en l'air la porte que vous avez fait faire sur mesure !).

3 — **Besoin :** derrière chaque émotion se cache un besoin (vous commencez à le savoir, maintenant !). Et un besoin exprimé est à moitié satisfait. Exemple : « J'ai besoin de respect du matériel. »

4 — **Demande :** elle permet de sortir votre enfant de sa torpeur, car vous lui demandez de contribuer à votre bien-être. Exemple : « Es-tu d'accord pour qu'on répare ensemble la porte ? »

Et voilà le travail ! On prend conscience de ses sentiments, on suscite de l'empathie chez l'autre, on n'accuse pas et on favorise le dialogue et l'écoute... Que demande le peuple, à part de remplacer votre porte ?

6 ASTUCES
pour prévenir les crises plutôt que les guérir

On s'en passerait bien, de ces crises. « C'est pas bon ! » « J'veux pas aller dormir ! » « C'est trop chaud ! » « J'veux faire de la peinture TOUT DE SUIIIIIIITE ! » Pffffff ! Tout est prétexte à bousiller la sérénité dans la famille. Comment faire pour les éviter au maximum ? Au secouuuuuuuuuuurs ! No stress, on a quelques astuces spécialement pour vous...

- Assurez-vous que les besoins de votre tête blonde sont assouvis (il a bien mangé, bien bu, il a la peau du ventre bien tendue ?). Rappelez-vous qu'un besoin satisfait rend votre enfant serein.

- Mettez en marche les routines et le cadre en coopération avec votre enfant. Il sait ce qui est permis et quand ça l'est. Par conséquent, les frustrations se feront moins nombreuses et les crises avec !

- Validez et accompagnez ses émotions ; il se sentira légitime dans ses ressentis sans culpabilité, soutenu et outillé pour « dompter » les émotions trop intenses ou désagréables.

- Prévenez du déroulement des moments à venir, évitez de mettre votre enfant devant le fait accompli, ce qui peut être stressant et révoltant.

- Identifiez les moments de la journée où surgissent les colères. Au moment de se lever, de se laver, de faire ses devoirs ? Ce sera un indicateur de ce qu'il appréhende.

- Évitez de vous mettre dans des situations qui risquent de mettre votre enfant en colère. Par exemple, il ne supporte pas qu'on mette un nombre impair de flocons d'avoine dans son bol le matin ? Nous vous conseillons donc de compter les flocons pour que ces occasions ne se présentent pas.

BON POUR

décompresser
par une séance
de karting
avec les copains

* Pendant que Maman garde les enfants

— LA GUERRE DES DEVOIRS —
n'aura pas lieu

On ne sait pas pour vous, mais chez nous, après la Seconde Guerre mondiale, la guerre des devoirs est de loin celle qui a fait le plus de dégâts. Un vrai désastre, jusqu'à ce qu'on suive scrupuleusement les précieux conseils de nos confrères de l'éducation positive qui ont rendu le temps des devoirs de plus en plus agréable.

Si l'une des phrases ci-dessous a déjà été prononcée par votre enfant au moment des devoirs, ces conseils sont faits pour vous :

« C'est trop long, ça fait une demi-heure que je suis sur mes devoirs ! »

« J'aime pas l'école de toute façon ! »

« J'y arriverai jamais, c'est trop dur ! »

« Pfffff, c'est nul ce qu'on apprend ! »

« De toute façon, je veux être pilote de Rafale, alors ça me sert à rien tout ça ! »

Il y a vraisemblablement un petit souci qui influence le comportement de votre asticot face à ses devoirs. Reste plus qu'à décoder. Allez, salut ! On plaisante... On ne va quand même pas vous planter là ! Serait-ce sa relation avec sa maîtresse ? La pression que vous lui mettez parce que vous voulez faire de lui le meilleur avocat du barreau ? Un problème de concentration ? Bref... Il existe autant de motifs parasites aux devoirs que d'enfants sur la planète. Une fois la cause détectée, vous aurez fait la moitié du chemin.

Ce qui est difficile aujourd'hui, c'est que la société nous éduque à faire de nos enfants des chevaux de course, à être surproductifs et à être premiers de la classe (mais les premiers de la classe se font toujours chambrer par les copains, alors...). Un enfant qui n'a que des « A » n'est ni plus ni moins intelligent qu'un enfant qui a des mauvaises notes sur son livret scolaire. L'enfant est curieux par essence et aime apprendre en regardant la nature, en observant les étoiles... En leur imposant de faire leurs devoirs de manière stricte et disciplinée, cette attirance naturelle vers l'apprentissage risque de disparaître en un clin d'œil. En faisant en revanche baisser la pression des devoirs, il y a de fortes chances que cet appétit revienne. Il peut aussi ne pas faire ses devoirs, me direz-vous. Oui, et alors ? Il échouera peut-être à son contrôle ! *It's not a big deal !*

Laissez-le faire l'expérience de ses échecs, qui sera probablement une belle opportunité d'apprentissage. Dur à faire, on sait, mais le jeu en vaut la chandelle !

Voici quelques conseils pratico-pratiques :

• Créez avec lui un rituel des devoirs : moment fixe chaque jour, petit exercice de détente avant de commencer...

• Aidez votre enfant à s'organiser : sortir les cahiers qui ont un lien avec les devoirs du jour, faire en sorte que son bureau soit prêt à l'emploi, que la pièce dans laquelle il va travailler soit calme, commencer par les devoirs les plus chronophages...

• Soyez là pour lui : sans faire à sa place, dites-lui que vous êtes là s'il a besoin de votre aide (c'est l'occasion de vous vautrer sur le canap' pour regarder la dernière saison de *Game of Thrones*). Allez le voir régulièrement pour vous assurer qu'il n'est pas en difficulté. Encouragez ses efforts.

• Soyez un modèle : si vous avez des devoirs à faire vous aussi, montrez-lui votre sérieux dans ces moments-là.

— 5 TRUCS —
pour faire ranger vos enfants sans hurler

Que ceux qui sont maniaques lèvent le doigt !
Combien de fois vous entendez-vous dire par jour,
par heure : « Range ta chaaaaaaaambre ou sinon
je mets tout à la poubelle ! » ? No comment...
Eh bien à partir de maintenant, tout va changer, parce que
ça suffit de s'égosiller pour une chambre pas rangée !

Pour commencer, une chambre rangée est une notion tout à fait subjective et abstraite pour certains enfants. C'est vrai, pour vous et nous, les maniaques, ça signifie faire disparaître le moindre poil de chat qui traîne par terre, mais pour les gens et les enfants normaux, ça peut vouloir dire tout autre chose ! Alors comment faire pour que les enfants rangent sans se casser la voiiiix, casser la voiiiiix, casser la voiiiiiiiiiiix ?

• **Clarifiez vos attentes.** L'échange ressemblerait à ça : « Chéri, je souhaiterais que tu ranges ta chambre, c'est-à-dire que tu ranges ton bureau, que tu plies tes vêtements et que tu lèches le sol. — Maman, je veux bien lécher le sol, mais ranger mon bureau et plier mes vêtements, c'est pas très important pour moi. » (Rappelez-nous de nous méfier si cette famille veut tisser des liens avec la nôtre !) Reste plus qu'à trouver un terrain d'entente, un juste milieu en somme !

• **Prévoyez un temps de rangement** dans les routines quotidiennes, donc décidé avec les enfants afin qu'ils coopèrent. Un rituel sécurise, et lorsqu'il est pensé avec toute la famille, il fait autorité à votre place. Pensez-y !

• **Retirez les jouets qui traînent :** technique imparable qui peut ressembler à une menace déguisée, mais qui n'en est pas une, promis ! « Ce qui traîne par terre doit être rangé. Ce qui n'est pas rangé sera ramassé par Monsieur Sac » (un sac avaleur de jouets qui ne les recrache qu'une fois la chambre ordonnée). Si les enfants ne rangent toujours pas, c'est qu'ils ne tiennent pas à leurs jouets ! Mais dans ce cas, Monsieur Sac ira se percher en haut d'une armoire inaccessible le temps que l'ordre revienne ! Et toc !

• **Reformulez.** Au lieu de demander à vos bambins de ranger, vous pouvez les questionner sur ce qu'il y a à ranger. Par exemple : « Où peux-tu ranger tes vêtements ? » « Est-ce vraiment la place de ton slip, sur le bureau ? » Résultat : vous impliquez votre enfant dans la vie de la maison et lui apprenez à trouver des solutions par lui-même. Pas bête, non ?!

• **Responsabilisez.** D'autant plus efficace dans les fratries : celui qui laisse en général traîner ses affaires sera le maître du chantier par exemple (dans les deux sens du terme !). Sa mission sera de montrer à toute la famille comment se plient des vêtements ou comment on range une chambre en moins de 3 minutes...

— RÉSOUDRE —
les jalousies et rivalités dans la fratrie

Ah ! La fratrie ! On naît du même utérus et pourtant on vit dans l'ambivalence du « je t'aime/je te déteste » toute notre vie ! Pour nous, parents, c'est l'enfer sur terre. On se transforme en une espèce de monstre qui leur hurle dessus quand ils se disputent, se font mal ou s'insultent... Mais n'oublions pas, les disputes font avancer les choses. Objectif : comprendre, accepter et se retirer. On s'explique...

Aveu : ce n'est pas parce qu'on est frère et sœur qu'on est obligés de s'aimer à la folie ou de s'entendre à tout prix ! C'est un mythe, figurez-vous ! Oui, nous aussi, on a été surpris de l'apprendre... Quand on partage les mêmes espaces, la même chambre, les mêmes jeux, les mêmes parents et le même animal de compagnie, faut être sacrément patients pour ne pas avoir envie de se refaire le portrait de temps à autre ! En plus, on n'a jamais rien qui ne soit qu'à nous, à part les slips ! (Quoi que, il y a des familles où même les slips se partagent ! Beurk !)

Mais, de toute évidence, cette ambivalence fait culpabiliser nos cocos. Bah oui, pas si simple de dire à sa sœur : « J'te déteste ! » quand on nous répète sans cesse : « C'est ta sœur pour toute la vie ! Il faut vous aimer, vous soutenir coûte que coûte ! » Pour leur enlever au moins ce poids, dites-leur plutôt qu'avoir un frère ou une sœur, c'est parfois embêtant (même carrément chiant !).

En revanche, pour que les disputes s'expriment sans que vous finissiez avec un fratricide sur les bras, une seule chose, **la règle n° 569 : le RESPECT !** (Décidément, celui-là, on le croise partout !) Ils peuvent se déchirer, mais sans injures ni attentats à la chaise piégée !

Qui aime voir ses enfants s'entre-tuer ? Personne ! (Sauf ceux qui veulent avoir la paix une bonne fois pour toutes !) Et c'est d'ailleurs pour ça qu'on a tous le même TOC : intervenir dans les conflits de notre marmaille. Si vous tenez à votre santé mentale, n'intervenez pas, surtout quand vous n'avez pas assisté à la dispute ! Sinon, vous vous ferez embarquer dans un remake de Cluedo® à devoir trouver un coupable et une arme de crime. On vous aura prévenu ! Vous n'êtes pas encore convaincu ? Très bien ! Regardez ce qui arrive quand on prend parti dans la moindre chamaillerie entre nos enfants :

– On en fait des assistés de la querelle, incapables de trouver des solutions par eux-mêmes, trop habitués qu'on le fasse à leur place !

– On génère des sentiments d'injustice pour peu qu'on donne raison à l'un plutôt qu'à l'autre. Sans compter que l'autre en question nous en voudra tellement qu'on risque le croche-patte fatal dans les escaliers de l'immeuble à la prochaine sortie…

– Le présumé innocent en profitera probablement pour s'acharner sur son frère ou sa sœur.

Autre règle, la n° 570 : ne JAMAIS s'immiscer dans les disputes bénignes de nos enfants, c'est bien trop périlleux !

Et encore un tuyau pour désamorcer ces rivalités dans la fratrie, **la règle n° 571 : STOP À L'ÉQUITÉ !** Pourquoi est-ce qu'on devrait toujours acheter un petit cadeau à l'un quand c'est l'anniversaire de l'autre ? Pourquoi accorder les mêmes privilèges, les mêmes cadeaux, les mêmes compliments, les mêmes bisous ? Nous, on sait pourquoi : on a peur des représailles ! (Cela dit, ils sont redoutables lorsqu'ils se vengent !) Seulement voilà, les besoins de Jules-Archibald sont différents de ceux d'Emma-Appoline. Leur accorder le même privilège reviendrait à dire que les besoins sont collectifs et non individuels. Donc, dorénavant, quand vos enfants vous posent la fameuse question : « Et ma sœur, elle a eu un chewing-gum ? », vous pouvez répondre qu'il ne s'agit pas d'elle mais de lui ! Et hop, recadrage ferme et bienveillant !

On continue avec **la règle n° 572 : STOP À LA COMPARAISON !** *The comparison !* (ça fait plus crédible en anglais…) « Tu danses vachement mieux la tectonique que ta sœur. » « Ton frère aussi a une grosse bistouquette. » « Toi, au moins, t'es marrant ! » On vous laisse une journée pour vous rendre compte du nombre incalculable de comparaisons que vous faites entre vos enfants. (D'ailleurs, merci de nous envoyer ce nombre par mail, c'est pour une étude.) Résultat des courses : on oublie qu'ils sont uniques, on risque de les faire se sentir mal dans leurs baskets et, surtout, d'attiser les rivalités fraternelles.

Enfin, **règle n° 574 : laissez-les s'approprier le peu de choses qu'ils peuvent s'approprier**, à savoir leur personnalité et leurs biens. Aucune obligation de prêter ce qu'on n'a pas envie de prêter ! Voilà une règle qui va vous permettre de vous sentir mieux en société lorsque Léo-Bernard refuse de prêter son seau et sa pelle à son copain de bac à sable. Non seulement vous n'aurez plus honte de votre éducation, mais vous pourrez argumenter, auprès de tous les parents qui vous regardent les yeux pleins de jugement, la position de votre loustic avec cette phrase choc : « Pour pouvoir partager, il faut d'abord que ça nous appartienne ! » De rien !

THE OUTILS DU CHAPITRE

le temps de pause et la roue des choix

Le **temps de pause** est ni plus ni moins une pause que l'on marque quand les émotions sont au plafond (avec les éclaboussures d'épinards du petit dernier qui a mal géré sa cuillère). On se sépare, on change de pièce, et on se fait du bien (arts plastiques, bain aux huiles essentielles, décrottage de nez, etc.). Une fois que tout le monde se sentira mieux, les enfants pourront revenir à la raison et vous chercherez ensemble des solutions.

Ce temps de pause se fixe en famille et en dehors du conflit lui-même, comme une étape systématique à la résolution des conflits dans la maison, entre autres. Il peut se matérialiser en un espace construit par toute la famille dans lequel chacun apporte sa touche ; il devient alors la « cabane de la redescente des émotions incontrôlables ». Allez, on fait un break !

La **roue des choix** est un outil en forme de roue divisée en camemberts (comme ceux du Trivial Pursuit®) dans lesquels chaque membre de la famille écrit ou dessine ses solutions pour gérer tel ou tel problème ou pour accompagner une émotion forte. En y ajoutant une attache parisienne et une flèche, les enfants pourront la faire tourner au moment de leur conflit pour déterminer la manière hasardeuse de soulager leur colère. Exemples : « appeler un ami » (ne vous croyez pas non plus chez J.P. Foucault), « pousser un cri » « faire un tour du pâté de maisons », etc.

LA ROUE DES CHOIX

gestion de conflits

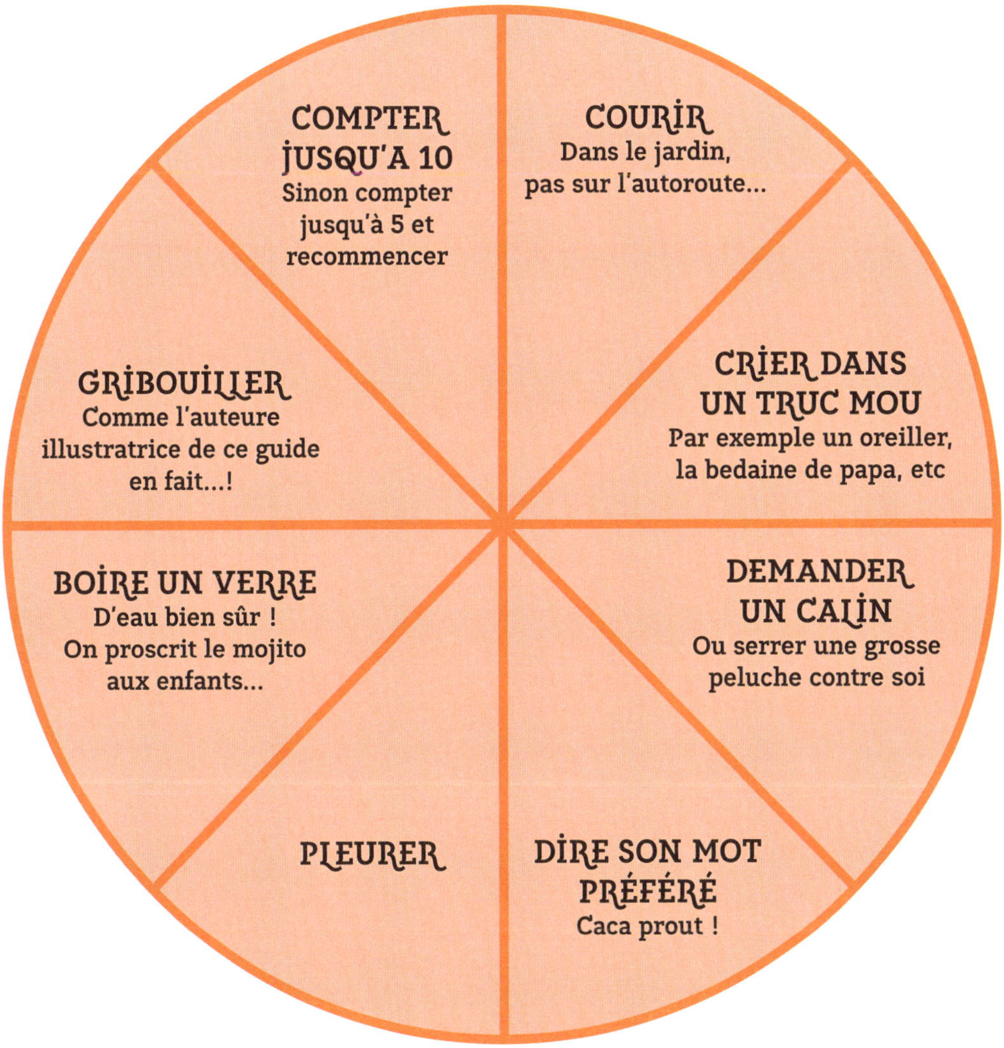

Astuce parents : Vous pouvez reproduire cette roue des choix avec votre enfant, lui faire découper et colorier pour qu'il intègre mieux toutes ces possibilités. S'il ne sait pas encore écrire, il peut dessiner avec votre aide des symboles (verre d'eau, oreiller, crayon...).

CHAPITRE 5

UN NOUVEAU REGARD SUR LES « BÊTISES »

Comment devenir acteur... du changement

RIP Hollywood !

Fermez-les yeux... Détendez-vous... Maintenant, rappelez-vous vos bêtises d'enfant... À présent, rappelez-vous comment vos parents réagissaient. Et vous, comment vous êtes-vous senti après une bonne séance de réprimande ? Sûrement mal, humilié, vexé, désireux de vous venger ou de feinter pour ne pas vous faire choper la fois d'après !

Après cette petite séance d'hypnose, si on regardait la bêtise sous un autre angle ? Si les enfants avaient des besoins cachés derrière leurs bêtises (mais alors bien cachés !) ? Et si ces besoins, une fois satisfaits, disparaissaient comme par magie ? Abracadabra, ching alaming alaplouf plouf plouf !

— RADIO-TROTTOIR —

les pires bêtises de nos enfants

Nous avons demandé à la communauté des Parents imparfaits quelles étaient les pires bêtises de leurs enfants. Nous avons reçu des centaines de réponses. Voici celles que nous avons sélectionnées pour vous.

Stéphanie : « Ma fille Éléanor (2 ans au moment des faits) était à la sieste et ça faisait un bon moment qu'elle dormait, du moins je le croyais... En fait, depuis son lit à barreaux, elle avait attrapé son sac à langer et avait sorti la petite trousse de secours et ouvert les pipettes de Mercurochrome® rouge... Elle s'est soigneusement badigeonné le visage, les cheveux, les mains et bien sûr les draps et son beau lit blanc... »

Aurélie : « Ma fille Amandine, 20 mois, a croqué une capsule de café arrachée à toute vitesse des mains de son père. Autant dire qu'elle n'a pas osé parler la bouche pleine. »

Céline : « Ma fille de 2 ans, Maelann, a voulu cuisiner... Elle a mis les mains dans l'huile de la friteuse (froide heureusement, sinon elle n'aurait pas été si simple à atteindre !) et est allée s'essuyer les mains sur la tapisserie toute neuve. »

Marjorie : « Léo, 2 ans, a retiré sa couche pleine de caca pendant sa sieste. Il n'a rien trouvé de mieux que de repeindre le lit avec, mais également son propre corps ! Il en avait partout, dans la bouche, sous les ongles, dans les oreilles, sur les cheveux... »

Élodie : « Théo, 3 ans, a joué avec une petite voiture sur la table basse tout juste repeinte alors qu'elle n'était pas encore sèche. Une véritable œuvre d'art. »

Nadia : « Noam, 2 ans, a mis son doudou (lange en coton blanc) dans les toilettes et a tiré la chasse d'eau sans rien nous dire... Deux jours après, les toilettes remontaient dans la baignoire... On a dû faire appel à une entreprise pour tout déboucher ! Coût de la bêtise... 100 € ! »

Annie, maman de Romane, 5 ans au moment des faits, qui se déroulaient sur leur lieu de vacances : « 8 heures du matin, pas un bruit, tout le monde "dort"... D'un coup, un bruit suspect me fait ouvrir un œil... Ma fille s'était glissée (et donc coincée) entre le volet roulant et la baie vitrée qui donnait sur la terrasse et hurlait "Aaaaaah, qu'est-ce qu'on est serré au fond de cette boîte !"... »

Cécile : « Evan, 18 mois, a vidé le contenu du placard dans son bain : couches, mouchoirs en papier, cotons, serviettes hygiéniques et tampons. Un véritable placard flottant. »

Céline : « Mathis, 9 ans, a tartiné le chat avec la crème pour les mains. »

Émilie : « Louis, 2 ans, a décidé de laver son doudou... dans les w.-c... et l'a frotté avec la brosse... J'ai ouvert la porte au moment ou il "goûtait" son doudou. Sûrement pour savoir s'il était propre ?! »

Brooke : « Wyatt, 2 ans, a mis le rehausseur des toilettes autour de son cou pour en faire un collier. Impossible de le retirer ensuite. On a dû y aller avec la pince coupante. »

Déborah : « Ella, 2 ans, a mangé des allume-barbecue au cours d'un week-end à la campagne. Le pire, c'est qu'elle a adoré ça ! »

Aurélie : « Joseph, 3 ans, a bu un berlingot de lessive. Il a vomi des bulles à la lavande. Pompiers, oxygène et diarrhée fluo, et trois jours d'hospitalisation. »

Olivier : « Romy, 4 ans, a utilisé la bombe de gras pour nettoyer les vitres. »

Cathy : « Coralie, 7 ans, et Alizée, 4 ans, ont voulu m'imiter lorsque je mets de la crème sur le visage... Elles ont fait pareil... Le lendemain matin au réveil, elles ressemblaient à des zèbres. Elles avaient pris la crème autobronzante ! »

Angélique : « Anaïs, 8 ans, a essayé de coiffer le chat ! Notre chat étant à poils courts, les élastiques ne tenaient pas ! Le soir, je découvre le chat avec une patte énorme ! Enfoui dans ses poils et caché dans sa peau, j'aperçois un "truc" rose... Ma fille lui avait mis l'élastique à la patte. Heureusement, j'ai réussi à couper l'élastique et le chat à récupérer sa patte, mais c'était moins une. »

Doriane : « Maiana, 2 ans, a pris un feutre Veleda et a écrit partout dans la maison. Mur, porte blanche, meubles, carrelage blanc, tout y est passé, même le chat ! »

Laure : « Maxence (2 ans au moment des faits) s'est amusé avec le jeu "Cuisto Dingo", où il faut insérer des mini-burgers dans la bouche du cochon. Au lieu des burgers, il a inséré ses crottes dans le cochon. »

Ève : « Eden, 5 ans, a vidé le pot de nourriture à poisson pensant qu'il avait faim. Résultat, il est mort quelques jours après. »

Johana : « Ella, 3 ans, a aspiré un bébé escargot pour savoir si ça sentait bon. Nous ne l'avons pas cru jusqu'à ce qu'on voie la petite bête sortir de son nez. »

Sophie : « Izia, 3 ans, a changé la langue de mon téléphone portable. Grosse galère ! »

— LES BESOINS CAPITAUX —

ou la peine capitale !

OK, on vous l'accorde, c'est pénible d'arriver du boulot et de découvrir des traces de feutre sur les murs de la chambre des enfants et, pire encore, de s'apercevoir que Barbie® belle gosse offerte par Mamie pour la modique somme de 150 euros n'a plus de cheveux. Mais avant d'envoyer votre enfant au coin ou de le priver de dessert, dites-vous qu'il est en train de vous envoyer un message, bien codé, certes, mais un message quand même ! Votre mission, si vous l'acceptez (de toute façon vous n'avez pas le choix) : comprendre les besoins de votre enfant et y répondre avant de le pendre au bout de votre corde à linge.

LES BESOINS PHYSIOLOGIQUES ESSENTIELS

Boire ou manger (il ne faut pas choisir)

Parfois, votre enfant peut vous faire une scène pour manger un bonbon juste à l'heure du dîner. La plupart des parents normalement constitués refuseront, car ce n'est pas le moment, et puis ça donne des caries... En général, la scène dégénère à coups de Carambar® volants et de Chupa Chups® roulantes. Mais un message se cache derrière cette soudaine envie de bonbon : il a peut-être juste besoin de dîner tout de suite ! Bon OK, ce n'est pas limpide...

Dormir

Tu m'étonnes ! Pour les grands dormeurs de notre espèce, le sommeil est crucial (surtout depuis qu'on a des morpions qui ne connaissent pas le concept de la grasse matinée). Figurez-vous que malgré les apparences, il en est de même pour les enfants. À chaque âge son besoin d'heures de sommeil. Alors ne vous étonnez pas si les lendemains de coucher tardif, il vous en fait voir de toutes les couleurs !

Être en mouvement

Courir, se dépenser, est une vraie cure de jouvence pour nos bambins (et pour nous aussi d'ailleurs, à part que nous, on préfère courir devant la Wii). Pourquoi répondre à ce besoin primaire vaut-il la peine ? D'abord, ils reviennent souvent tellement fatigués qu'ils risquent de bien dormir, ensuite, c'est le seul moment où vous avez la paix !

Éliminer

Selles, urines, transpiration... Même si votre enfant aussi trouve toujours le moyen d'aller aux toilettes quand ce n'est pas le moment (pendant les repas, une fois au lit...), self-control ! Dites-vous qu'il a besoin d'éliminer, comme tout être humain, sauf qu'il ne sait pas anticiper comme les adultes.

LES BESOINS AFFECTIFS FONDAMENTAUX

Être aimé, le besoin d'attention, le besoin d'appartenance

« Au secours, j'ai besoin d'amououour... » Dès leur plus jeune âge, nos enfants ont besoin de se sentir aimés pour ce qu'ils sont vraiment, avec leurs qualités et leurs défauts (et Dieu sait qu'Il ne les a pas loupés sur ce point !), de se sentir réellement écoutés par leurs parents (attention, notre addiction aux téléphones portables rend la tâche compliquée). Plus important encore, ces petits êtres ont besoin de développer un sentiment d'appartenance que la Discipline Positive définit comme le fait d'avoir une place dans son environnement social (famille, école...). Seulement voilà, dans les moments de crise, au lieu de les serrer dans nos bras, de leur dire des mots doux et de leur donner une vraie place, on n'a qu'une envie, c'est de les faire taire, quel que soit le moyen utilisé, d'ailleurs . Résultat, on passe à côté de leurs messages de détresse, des relations solides et du respect dans la famille. C'est ballot !

L'autonomie

Combien de fois dans la journée entendez-vous votre petit vous dire : « Mais je sais faire ! », ou encore : « Je peux m'essuyer tout seul ! » Et combien de fois par jour vous entendez-vous lui répondre : « Non, attends, je vais t'aider » en lui courant après dans toute la maison avec une lingette Pampers pour lui essuyer le derrière ? Inutile de répondre à ces questions, on passe tous par là. Seulement, il faut en assumer les conséquences : conséquence possible n° 1 : rébellion (« J'en ai marre qu'ils ne me fassent pas confiance »), conséquence n° 2 : passivité absolue (« De toute façon, aucun effort à fournir, il y aura toujours quelqu'un pour faire à ma place »). On s'arrête ou on continue ?

Le respect et la reconnaissance

Vu comme ça, ça saute aux yeux. Et pourtant... On oublie souvent qu'un enfant est un individu à part entière, qu'on récupère en kit complet, c'est-à-dire avec ses propres goûts, désirs, choix, compétences, forces, failles, émotions (toutes aussi démesurées qu'elles soient parfois), forces, faiblesses, colères et joies, rythmes et besoins. On a l'enfant qu'on a et non celui qu'on aurait souhaité avoir (Freud peut aller se recoucher !). Autrement dit, en tant que parents, on porte un deuil toute notre vie. Et pour le surmonter sans sombrer dans la dépression, rien de tel qu'une bonne dose d'empathie doublée de patience et de tolérance. Alors on décolle l'étiquette du front de notre bout'chou. N'ayez pas peur, il risque d'être différent de vous, mais tout va bien se passer...

L'accompagnement

Et si on aidait nos enfants à surmonter leurs difficultés, qu'elles soient d'ordre psychologique, affectif, physique ou moral ? Les consoler dans leurs chagrins d'amour (« Ne t'inquiète pas, un de perdu, dix de retrouvés ! » – comme si on souhaitait à notre fille qu'elle ait 10 amoureux en même temps), les aider à surmonter leurs échecs scolaires (« Ce n'est pas grave si c'est la troisième fois que tu rates ton bac, tu auras un métier comme tout le monde ! », leur faciliter la digestion de la venue d'un petit frère ou d'une petite sœur... Si on les encourageait avec des formules magiques comme : « tu peux y arriver », « nous allons t'aider », « tu peux être fier de toi » ? Un tout petit effort qui promet d'éviter la grosse catastrophe, les crises de nerfs, les roulades au sol et tutti quanti. Satisfait ou remboursé !

La sécurité

Répondre aux besoins de nos enfants, c'est les sécuriser. Leur faire des câlins, c'est les sécuriser. Les laisser libres de leurs choix, c'est les sécuriser. Leur permettre des choses, c'est aussi les sécuriser. Donner des consignes claires et visuelles, c'est encore les sécuriser. OK, ça fait un peu slogan politique. « Contrairement aux idées reçues, les interdits, les frustrations et les limites que nous donnons aux enfants leur apportent un sentiment d'insécurité », *dixit* Isabelle Filliozat.

L'équilibre

Nos petits ont besoin de stabilité dès le plus jeune âge. Pour ce faire, lorsque vous êtes en colère, pensez à ne jeter les assiettes en pleine figure de votre conjoint qu'une fois qu'ils sont couchés seulement ! Exercez-vous, en cas de désaccord avec votre moitié, à apporter à votre enfant une réponse semblable (vous aurez tout le loisir de lui arracher les yeux plus tard). N'hésitez pas à mettre en place des routines, des rituels et des étapes à heures fixes qui feront tout le travail à votre place. Et ça, c'est précieux !

L'estime de soi

Nos enfants ont besoin de notre approbation pour avancer : « Maman, il est beau mon dessin ? » Et nous ne pouvons pas nous empêcher de porter ce jugement qu'ils attendent en répondant : « Il est magnifique, mais tu pourrais mettre un peu plus de couleur. » Pourquoi ? Parce que nous jouissons de cette dépendance qui nous rend en quelque sorte indispensables à leurs yeux. Narcisse, quand tu nous tiens ! Sauf que le jour où on disparaît, qui les fera avancer ? PERSONNE, même pas eux-mêmes. Et là, c'est le drame ! Vous risquez le cataclysme international à l'adolescence : « De toute façon, j'suis pas intelligente », « Personne ne me trouve marrant », « Tu crois que ? Tu penses que ? T'es sûr que... ? » Vous ne serez plus jamais tranquille. Alors une seule solution : les encourager à s'auto-estimer et les entraîner à s'auto-évaluer en leur renvoyant, par exemple, la question : « Et toi, tu le trouves beau ton dessin ? »

LES BESOINS SOCIAUX

Se différencier

Voilà une affaire pas si mince, surtout dans les fratries. On passe notre temps à comparer nos enfants, à nous, aux grands-parents : « Elle ressemble à son frère quand elle sourit », « Elle a le caractère pourri de son père »... Il ne faut pas s'étonner qu'ils se battent toute leur vie, entre eux d'abord et contre nous ensuite, dans le seul but de revendiquer leur caractère unique. Autant leur faire croire dès tout petits qu'ils ne ressemblent qu'à eux-mêmes (même si on sait très bien qu'ils ont le caractère pourri de leur père !).

Communiquer

Avec l'autre, avec soi-même (bon, OK, c'est flippant quand son enfant parle à des personnages imaginaires). Envisagez de faire cuire les pâtes pendant qu'il vous raconte sa journée ou de répondre au téléphone en pleine partie de jeu de 7 familles et vous êtes bon pour une séance de trépignement ! Ces petits bonshommes ont besoin d'échanger, dès le ventre de leur maman. Ils ont besoin qu'on les regarde dans les yeux lorsqu'ils nous parlent, pour témoigner de notre écoute, qu'on les considère, qu'on s'intéresse à ce qu'ils pensent (même s'il est parfois difficile de les suivre, avec leurs phrases sans sujet, ni verbe, ni complément !).

L'apprentissage

Ne vous entendez-vous pas fréquemment vous dire (sans l'avouer) : « J'espère qu'il va avoir un "A" à son prochain contrôle », juste parce qu'il faut qu'il soit aussi bon en géographie que Théo, son copain de classe ? Ne passez-vous pas vos dimanches à la piscine ou sur la piste cyclable pour que votre fille de 4 ans sache nager avant sa cousine ou faire du vélo avant sa voisine ? Grossière erreur ! À force d'anticiper les acquisitions, pensant que nos enfants seront en avance sur leurs apprentissages et sur les autres, on risque au contraire de les confronter à des obstacles insurmontables puisqu'inadaptés à leurs capacités du moment. Et comment croyez-vous qu'ils réagiront face à la difficulté ? Au choix : abandon ou rébellion. Laissons-les avancer à leur rythme, descendons uniquement des étagères les jeux adaptés à leur âge et mettons à leur disposition du mobilier et des outils qui sont à leur portée. Et peut-être qu'ils auront une chance d'avoir un « A » à leur prochain contrôle !

La liberté

Être libre de ses choix, de ses opinions, de ses mouvements, n'est-ce pas ce que l'on souhaite à nos adultes en herbe ? Laissons-les se confronter aux oppositions, aux obstacles, découvrir leurs capacités et leurs limites. Attention, les laisser libres ne signifie pas tout leur céder. Il s'agit de leur permettre d'être libres dans un cadre, sans que cette liberté n'empiète sur celle du voisin (surtout que le voisin n'est vraiment pas commode !).

Le plaisir

On passe notre temps à courir lorsqu'on devient parent : métro, boulot, école, maison, douche, devoirs, diner, machines... Manquerait plus qu'on aménage en plus un temps de plaisir avec nos enfants dans cette journée de 56 heures ! Et pourtant, prendre un petit temps chaque jour pour accepter et satisfaire les envies de nos enfants, rire, avoir l'envie d'avoir envie (merci Johnny) apporte pour sûr à notre progéniture le goût de l'effort, le bien-être, la joie, l'optimisme, la plénitude... Et en prime, vous découvrirez que vous n'êtes pas si aigris par la vie depuis que vous avez des enfants. Le jeu n'en vaut-il pas la chandelle ? Allez, ce soir, bataille de polochons !

Les sorties

Les petits – comme les grands d'ailleurs – ont besoin de découvrir le monde, les autres, leur environnement. Les promenades contribuent largement à l'oxygénation de l'esprit, mais aussi à la connaissance du monde. Inutile de faire le tour des océans sur votre mappemonde collée au mur avant même d'avoir fait le tour du pâté de maisons ! On y apprend tellement de choses : la couleur des feuilles selon les saisons, combien de roues ont les voitures, qu'il existe une poubelle pour chaque type de déchet... Sans compter qu'il est bien connu qu'un enfant qui sort beaucoup est un enfant qui dort beaucoup. Le sommeil est définitivement une vraie obsession !

Cette page est volontairement blanche
en hommage à tous les parents
qui ont subi les bêtises de leurs enfants...

Les dessins sur les murs,
les cheveux coupés en freestyle,
la poupée démembrée,
le vase offert par tata Lucette cassé
et encore tant d'autres !

Une minute de silence
en pensant très fort à vous...

CHÉRIE
mets le décodeur !

Nous, parents, avons la fâcheuse tendance à prendre au premier degré les expressions de nos enfants et à oublier qu'ils n'ont pas la capacité ni les outils pour décrypter leurs émotions comme peuvent le faire les adultes (quoique, pas tous...). Alors au lieu d'entrer dans des luttes de pouvoir puériles, essayons plutôt de lire les messages codés que nos bouts de chou nous envoient. Pourquoi, me demandez-vous ? Parce que vous pourrez enfin dire adieu à leurs croyances erronées et leur donner la place dont ils ont besoin (sauf celle du canapé confortable, celle-là, elle est pour vous. Faut pas déconner, quand même !). Et fini, les colères (ou presque) !

Voici quelques situations dans lesquelles le comportement inadapté de votre enfant cache un vrai besoin (attention, ce ne sont que quelques exemples, il en existe des bien pires !).

• **Vous êtes au téléphone,** engagé dans une discussion importante. Votre enfant vous interrompt toutes les deux minutes mais vous ne raccrochez pas. Il finit par repeindre les murs avec votre vernis à ongles (le rouge vermillon en plus, votre préféré !). Il tente, a priori, d'accaparer votre attention. Bêtise ou message codé ? Message codé, bien sûr ! En fait, il vous dit : « Fais attention à moi, implique-moi ! »

• **Vous demandez à votre loulou de venir à table.** Ça fait déjà huit fois que vous lui répétez que le dîner est prêt. Mais rien n'y fait, il ne vient toujours pas. Vous allez donc le chercher et il vous dit : « Non, je ne viens pas à table. » Il refuse catégoriquement de répondre à vos ordres. Il semble être en situation de maîtrise, de prise de pouvoir. Provocation ou besoin caché ? Besoin caché sans conteste ! Et l'heureux élu est : « Laisse-moi participer, donne-moi des choix. »

• **Vous êtes tranquillement au salon en train de siroter un cocktail** (je sais, ça n'existe plus que dans les films, mais imaginons...) quand, soudain, vous entendez un énorme cri. Vous débarquez dans la chambre de votre fille et découvrez le poisson rouge complètement éventré.

Outre le fait que c'est une vraie boucherie, on peut imaginer, là, que votre puce déguisée en diablotin est en train de prendre une revanche. Mais en réalité, elle vous dit : « Aide-moi, je souffre, c'est pour ça que je fais du mal aux autres. » (Remarquez, mieux vaut qu'elle se venge sur le poisson que sur son frère !)

• **C'est l'heure de faire les devoirs,** mais votre fils vous demande de jouer un peu d'abord. Vous acceptez. Quand arrive le moment où il faut se mettre au travail, il vous demande s'il peut d'abord dîner, parce qu'il a faim. Vous acceptez, mais après le dîner, c'est sûr, on s'y met. À ce moment-là, il refuse de les faire. Est-il fainéant ou vous envoie-t-il un message ? Cette résistance indique peut-être un sentiment d'incapacité de votre enfant. Il vous demande seulement : « Ne me laisse pas tomber, tends-moi la main. »

Super, et merci Jane Nelsen (auteur de *La Discipline Positive* et co-fondatrice de la méthode du même nom) pour cette séance de décryptage (vous nous direz combien on vous doit), mais le mode d'emploi pour faire face à ces attitudes, qui, on doit le dire, nous empoisonnent la vie quotidienne, serait bien utile. Eh bien justement, le voici ! Vous n'avez qu'à tourner la page !

MON RÉPULSIF À BÊTISES

Encore plus efficace que le Pouxit® pour éliminer les parasites, on a entre les mains une méthode américaine révolutionnaire pour chasser la moindre envie de bêtise de la tête de nos enfants. Allez, on y croit ! Une fois la lecture de ces fameux messages codés terminée, vous pourrez enfin court-circuiter les fausses croyances de vos enfants, et avec un peu de chance (voire beaucoup), enrayer leur attitude inappropriée.

Votre enfant veut accaparer votre attention ?

Voici ce que propose la DP.

• Faites un maximum de câlins, surtout au moment de la colère ou de la « bêtise » – et si vous avez envie de l'emplâtrer dans le mur au même moment, dites-vous que vous récolterez bientôt (ou pas) les fruits de ce que vous êtes en train de semer.

• Prévoyez des temps dédiés (en langage DP, ça signifie des moments en tête à tête avec votre enfant) à intégrer dans la routine. Il peut choisir le moment (sauf la nuit, vous l'aurez bien compris) et l'activité qu'il veut faire ; montgolfière, promenade à trottinette, poney..., peu importe, du moment qu'il est seul avec vous.

• Donnez-lui des responsabilités qui lui permettront d'obtenir l'attention dont il a besoin : lui confier le sablier pendant que vous jouez au Scrabble® avec votre conjoint (non, ce n'est pas du tout pour avoir la paix pendant votre partie, pas du tout !), lui demander de vérifier le temps accordé devant l'iPad pour toute la famille (y compris le temps des adultes, ça ne serait pas du luxe !), etc.

• Soulignez les moments où la demande d'attention est faite de manière adaptée (même s'ils sont rares) : utilisez les mots plutôt que les cris, faites une caresse plutôt qu'une tape, etc.

• Dites des mots doux pour rassurer votre enfant : « je t'aime, je suis là pour toi, je ne suis pas disponible tout de suite mais je te promets que je te trouve du temps plus tard » – attention aux arnaques et aux oublis, les enfants sont impitoyables avec les parents amnésiques.

Votre enfant veut prendre le pouvoir ?

Voici ce que propose la DP.

• Ne jouez pas les Rocky Balboa en

rentrant dans un bras de fer avec votre enfant. Vous aurez tout à gagner à attendre que l'atmosphère s'apaise avant de chercher des solutions au problème avec lui.

• Admettez que vous ne pouvez pas décider à la place de l'enfant ce qu'il fera ou ne fera pas. Par exemple, vous ne pourrez pas le faire venir à table s'il refuse de venir manger (comme dans la situation décrite plus haut). En revanche, vous pouvez décider de ce que VOUS allez faire (et le coco, il va prendre cher !). Dans ce cas, précisez à l'enfant que l'assiette restera sur la table jusqu'à telle heure, et qu'ensuite, abracadabra, elle disparaîtra et il mangera au prochain repas (on vous avait prévenu qu'il allait morfler !).

• Prévoyez des temps dédiés de manière régulière, dans les mêmes conditions que dans le cas précédent.

• Mettez en place des routines avec votre enfant (étapes et horaires du matin et du soir). Affichez-les sur un tableau dans une pièce commune, ainsi elles seront consultables dès que le besoin s'en fera sentir. Et d'ailleurs, qui sera le chef alors ? Non plus votre petit, mais le tableau en personne !

• Permettez à votre enfant de choisir le plus souvent possible, mais de manière limitée ; offrir deux options suffit pour qu'il se sente maître de la situation. Par exemple : « Tu veux porter ton jean bleu ou ton jogging vert pomme ? » L'enfant choisira (y'a plus qu'à espérer qu'il préfère le bleu !) et se sentira plus libre.

• Dites des mots d'amour à votre enfant Comment ça, on radote ?

Votre enfant veut prendre une revanche ?

Voici ce que propose la DP.

• Évitez de riposter face à la provocation (même si ça vous démange).

• Adoptez une posture empathique : mettez-vous à la place de votre enfant, quitte à lui raconter que lorsque vous étiez petit, il vous est arrivé la même chose, même si c'est un gros mensonge ! Qu'est-ce qu'on ne ferait pas pour les consoler... !

• Validez ses émotions : « Tu es vexé ? », « Tu es en colère ? » Votre enfant se sentira au moins considéré et ne culpabilisera pas de ressentir ce besoin de revanche. Vous pouvez aussi, si vous n'avez pas peur, lui demander ce qu'il ressent.

• Dites-lui que vous l'aimez (pas autant que le Nutella®, mais c'est déjà bien) et qu'il est plus important que tout au monde.

• Consacrez-lui un temps dédié, sans son frère, sans son doudou et sans VOTRE téléphone !

• Utilisez les 3 R de la réparation dont les étapes sont détaillées page 59 : 1-reconnaître 2-réconcilier, 3-résoudre, outil indispensable pour un cessez-le-feu à la maison

• Invitez-le à vous mettre la pâtée au Puissance 4® pour qu'il prenne une vraie revanche (calmez-vous, c'est une blague).

Votre enfant se croit incapable ?

Voici ce que propose la DP.

• Restez connecté (pas au wifi, mais à votre enfant) en lui montrant que vous sentez qu'il est découragé et que ça arrive à tout le monde.

• Rassurez-le sur ses capacités en lui disant des choses comme : « Je sais que tu peux le faire » (même si vous n'êtes pas toujours convaincu) et encouragez-le lorsqu'il réussit (aussi petite la réussite soit-elle).

• Donnez un exemple de ce que vous attendez de lui et aidez-le à faire si nécessaire (sans faire à sa place, on vous voit venir !).

• Créez des opportunités de réussite en lui demandant des choses réalisables pour lui et en procédant par étapes. Pour réussir à gravir l'Everest, il faut bien commencer par la pente en bas de chez vous !

• Arrêtez tout net d'être perfectionniste : qu'il puisse dessiner en débordant, qu'il puisse manger en en laissant tomber à côté de l'assiette, qu'il se laisse le droit d'oublier sa molaire n° 28 quand il se brosse les dents...

• Consacrez du temps à développer les compétences de votre enfant.

• Le temps dédié sera pour lui également très utile.

#RegardeMaman CommeJeTaime !

LES COMPORTEMENTS INAPPROPRIÉS

Sentiments et objectifs erronés de l'enfant

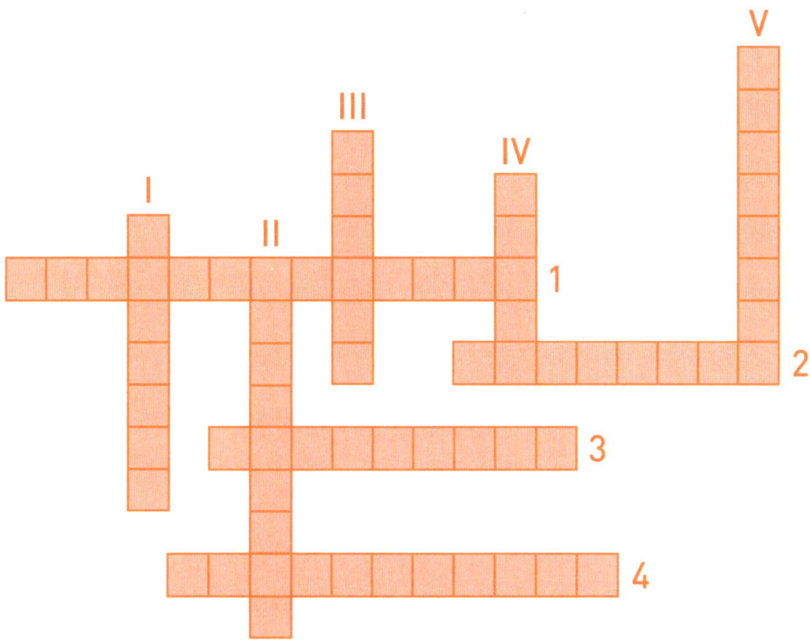

HORIZONTAL

1. Perte de courage, d'énergie.

2. Seconde partie pour donner une chance au perdant de gagner à son tour, si on est sympa.

3. Contraire à la justice (pas facile à trouver !).

4. Pousser quelqu'un à commettre une action blâmable (ça fait vraiment peur dit comme ça).

VERTICAL

I. Puissance, autorité sur autrui.

II. Capacité à se concentrer.

III. État affectif violent et passager, accès d'irritation.

IV. Résistance opposée à une force, à un élément contraire (non, Jedi ça marche pas)

V. Action de diriger quelque chose ou quelqu'un.

Réponses : 1. Découragement / 2. Revanche / 3. Injustice / 4. Provocation / I. Pouvoir / II. Attention / III. Colère / IV. Lutte / V. Contrôle.

— 10 ASTUCES DE PARENTS —
pour faire manger de tout aux enfants

Lundi spaghettis, mardi fusillis, mercredi coquillettes, jeudi farfalles, vendredi macaronis, samedi tortiglionis et dimanche rigatonis... Combien de parents démissionnent devant des enfants qui refusent de manger autre chose que des coquillettes au jambon ? Voici quelques astuces pour faire du repas un moment de partage agréable.

1 — Faire des figures (chat ou lapin) avec des légumes différents ou, mieux, si on a le temps, créer de vraies œuvres en nourriture racontant une histoire (une coccinelle formée avec des tomates et des morceaux d'olive, une souris avec une pomme de terre et deux chips pour les oreilles, etc.). Parce qu'avant le goût, il y a la vue !

2 — Faire diversion avec de la sauce : béchamel, jus de viande, sauce tomate, crème fraîche, moutarde et mayonnaise sont autant de solutions pour accommoder les légumes, la viande ou le poisson et les faire un peu oublier !

3 — Faire des smoothies : une dose de légume, une dose de fruit et du liquide pour la matière (lait, ou crème, ou glaçons), le tout dans un accord parfait : tomate-carotte-citron ou betterave-orange... On passe le tout au blender, et hop !

4 — Faire des quiches : le « fourre-tout » de la cuisine ! Sur une pâte feuilletée ou sablée, on ajoute des légumes, du poulet et du fromage, et le tour est joué. Cachés sous le gruyère, les épinards ou les brocolis seront vite avalés ! (Fonctionne aussi avec les gratins.)

5 — Leur donner des noms mignons. Ainsi, le brocoli devient le « petit arbre du dinosaure », le chou-fleur devient le « bouquet de fleurs des princesses » et les choux de Bruxelles sont renommés « mini-chouquettes pour les lapins »... À vous d'inventer des histoires, les enfants seront captivés et ne penseront plus aux légumes !

6 — Aller avec eux à la cueillette et à la ferme : activité familiale, la cueillette est un endroit magique où les enfants apprennent à cueillir et déterrer les légumes, ce qui leur donne envie de les manger ! Les fermes pédagogiques peuvent également être intéressantes. Voir comment traire les vaches, fabriquer du beurre ou de la crème peut leur donner envie de manger des produits laitiers.

7 Faire des boulettes : les légumes sont mélangés à de la viande et de la chapelure, ni vus, ni connus ! Et n'oubliez pas les nuggets. Il en existe de différentes formes, ce qui est pratique pour se raconter des histoires.

8 Cuisiner ensemble : parce que dire « C'est moi qui l'ai fait », ça donne envie de le manger ! Alors on lave, on épluche, on coupe, on cuit, on mélange, on assaisonne et on mange ensemble. N'oubliez jamais que vous êtes les premiers modèles de vos enfants. S'ils vous voient manger de tout, ils feront comme vous.

9 Faire des soupes et des purées : les légumes « déstructurés » peuvent faire moins peur aux enfants ! En soupe (avec des croûtons !) ou en purée, ils seront vite mangés !

10 Miser sur les panés : légumes, poisson ou viande, plus œuf, chapelure, huile, et on frit ! Les légumes deviennent croquants, mais moelleux à l'intérieur ! En revanche, le jour où vous faites quelque chose de pané, évitez de cumuler. Par exemple, un steak haché avec des courgettes panées, pourquoi pas, mais poisson pané et légumes panés, ça fait beaucoup trop de pané.

THE OUTILS DU CHAPITRE

le temps dédié et des attentes formulées clairement

Le **temps dédié** est un temps exclusif et de qualité avec chacun de nos enfants. Si nous en avons plusieurs, il peut se faire en alternance, le samedi et le dimanche, avec le papa ou la maman. Pour qu'il soit encore plus efficace, il peut être planifié à l'avance, avec l'enfant, pour apaiser ses tensions, car il saura que ce moment arrivera et quand il arrivera. Et pour que ce soit un outil magique, nous vous invitons à laisser votre enfant choisir l'activité que vous ferez pendant ce temps (si c'est un truc que vous détestez, vous avez le droit d'orienter son choix !).

Des **attentes formulées clairement**, c'est par exemple : « J'attends de toi que... ». Ça aidera votre enfant à savoir ce que vous attendez de lui plutôt qu'il se fasse gronder parce qu'il aura fait les choses « de travers ».

CHAPITRE 6

PUNITION ET RÉCOMPENSE,

de mauvais recours

La punition comme la récompense empêchent nos enfants d'acquérir de nombreuses compétences parce que l'une comme l'autre les rendent dépendants de nous » par « La punition comme la récompense rendent nos enfants dépendants de nous, de notre regard et notre approbation . Par consequent, nous les empêchons avec ces recours de développer certaines compétences comme l'autonomie, l'estime de soi , etc.
Alors désolées de vous dire qu'à partir d'aujourd'hui, fini, les punitions et récompenses à gogo,
pour laisser place au respect et à l'apprentissage.

10 BONNES RAISONS
d'éviter la punition

Méfiez-vous de la punition comme de l'eau qui dort. Bien souvent accompagnée d'humiliation, de menaces et autres châtiments, elle est notre réaction « pavlovienne » face à un comportement borderline. Alors pourquoi nous l'utilisons à tort et à travers (surtout à tort !) ? D'abord parce qu'avouons-le, il est narcissiquement très agréable de constater que nos enfants nous obéissent au doigt et à l'œil. Certes, la punition marche peut-être à l'instant T, mais quels sont ses effets sur le long terme ? .

Ce que vous risquez si vous n'évitez pas la punition à votre enfant

• Il risque de vous haïr (et de vous insulter de tous les noms d'oiseaux possibles et imaginables : pie, rouge-gorge, corbeau).

• La prochaine fois, il risque de faire la même bêtise, voire pire encore, et dans votre dos en prime, rien que pour ne pas se faire choper (autant vous dire qu'il est parti pour faire le mur à 8 ans !).

• Il risque de se venger par la même occasion (attention, la vengeance est un plat qui se mange en pleine face !).

• Il risque de se rebeller. Il vous fera savoir de quel bois il se chauffe, le petiot, à coups de provocations, d'oppositions, de manifestations (oui, oui, ça existe même dans les maisons ! La dernière fois, ceux d'une auteure dont nous tairons le nom ont défilé dans le salon avec des pancartes disant : « On veut gagner plus d'argent, pour s'acheter, des bonbons ! », et ils n'avaient vraiment pas l'air contents !).

• Vous rentrerez dans des bras de fer interminables (rappelez-vous que vous n'êtes pas Rocky Balboa, et lui n'est pas Appolo Creed !).

• Vous vous assiérez sur sa coopération en toutes circonstances ! Pas simple si vous comptiez l'exploiter pour les tâches ménagères.

• Vous risquez de nourrir des rancoeurs. Il se dira que c'est pas juste, qu'il ne peut avoir confiance qu'en sa tortue, et surtout pas en vous !

• Il se sentira en insécurité (« J'ai besoin d'amour et en échange je suis rejeté »).

• Il risque de s'en servir comme modèle de résolution de ses problèmes (« J'ai fait une bêtise, je me punis » –l'autoflagellation est une option) et quand il sera parent, il punira ses enfants à son tour...

• Vous risquez la fugue (« Je suis trop puni, j'en ai marre, j'me barre » – ça rime !). Remarquez, vous aurez enfin le calme ! À voir...

MON SHOPPING ANTIPUNITIONS

Imaginez-vous dans une boutique hors du commun, pas d'pantalons, pas d'robes, pas d'tee-shirts fashion, juste des rayons remplis d'antidotes à bêtises... Ça paraît fou, non ? Et pourtant, vous y êtes ! Vous rêviez de ne plus punir votre enfant à coups de « Va dans ta chambre ! », « Regarde le mur en récitant dix fois ta poésie ! », « Tu vas au lit sans manger ! » parce que la culpabilité est trop grande, parce que vous transformer en une espèce de tyran-osaure sans cœur ne vous ressemble pas ? Eh bien, c'est possible. Comment ? Allez, prenez votre panier et laissez-vous guider.

CE QUE VOUS DEVEZ METTRE DANS VOTRE PANIER

Des trucs qui vous font du bien

La punition vous démange ? STOP ! Exilez-vous de la pièce où se trouve votre petit diable, prenez une grande respiration et évaluez ce qui vous ferait du bien tout de suite, maintenant, pour mieux gérer la situation ensuite. Tout est permis : une série de pompes, un Kinder® Bueno, un coup de fil à un ami (si vous pouvez en même temps gagner des millions, c'est tant mieux), un cri par la fenêtre, votre chanson préférée sur Youtube, une séance de défoulement sur un punching-ball (tant que ce n'est pas votre enfant). Et comme par magie, quand vous reviendrez, vous aurez envie de trouver des solutions alternatives à la punition. Reste à savoir ce qui vous fait du bien... Allez, ce soir, c'est brainstorming avec vous-même !

Des consignes claires

Inutile de vous rappeler que si votre progéniture ignore qu'il est interdit de regarder sous la robe de la maîtresse, il ne pourra pas le deviner (même si ça paraît évident... Quoi que, pas pour tout le monde !).

Les trois ingrédients principaux (et sans gluten) de ce produit :

– la prévention : avertir à l'avance de ce qui va se passer : « Dans 8 minutes, on arrête la partie pour aller dîner » ;

– l'explication de la consigne : « On ne peut pas regarder sous les jupes des filles parce que le corps, c'est personnel, on n'a pas à le montrer aux autres » (compliqué chez les parents un peu exhibitionnistes sur les bords... mais jouable !). À noter : adapter la consigne et son explication à l'âge de l'enfant ;

RIP

LA CAROTTE ET LE BATON

– l'outillage de votre enfant avec des objets ludiques, qui feront mieux passer la pilule : du type chronomètre, horaires du quotidien écrits au mur et décorés par ses soins, sablier... En plus, vous lui apprendrez à gérer son temps tout seul !

Des choix

Proposer à votre marmot de choisir entre une première et une seconde solution le responsabilisera davantage, le fera certainement mieux coopérer, puisqu'il sera le seul décisionnaire, sans compter que vous ne serez plus le vilain bourreau de la maison. Par exemple, vous pouvez lui dire : « Tu préfères terminer le jeu ou dîner, ce soir ? » (en lui expliquant que s'il termine le jeu, il n'aura plus le temps de dîner et il devra attendre le petit déjeuner pour manger). Bien évidemment, il faut vous assurer, premièrement, que vous ne le dites pas en le menaçant (de manière bienveillante, donc) et, deuxièmement, que les choix que vous lui donnez pourront être appliqués (en d'autres termes, est-ce que vous êtes prêt à faire jeûner votre enfant pendant quelques jours ?). Vous pouvez aussi lui demander ce qu'il propose s'il s'oppose à votre demande : « Tu ne veux pas venir dîner dans 8 minutes ? Alors qu'est-ce que tu proposes pour qu'on termine tout dans les temps ? » Vous verrez, les enfants sont étonnants de ressources et d'idées créatives !

De la responsabilisation

Sentir que ses parents ont confiance en lui mettra automatiquement votre enfant dans une posture responsable qui ne lui donnera pas envie de dépasser certaines limites. Vous pouvez lui dire que vous êtes certain qu'il saura respecter la pudeur de sa maîtresse, que vous comptez sur lui pour venir dîner dès que le chronomètre sonnera la fin du temps de jeu, etc.

Des conséquences logiques expliquées

Chaque bêtise est assortie d'une conséquence logique. Mais votre enfant ne le sait peut-être pas et il est sans doute temps de lui dire la vérité ! « Si tu jettes ta sœur par la fenêtre du 13e étage, elle mourra sur le coup. » « Tu as cassé ta tirelire pour acheter des bonbons ? Eh oui, tu n'as plus d'argent pour acheter tes cartes Pokémon. Nous vous invitons à valider ses émotions et l'orienter vers une recherche de solutions : Comment te sens-tu ? Qu'est-ce que tu peux faire pour remplir à nouveau ta tirelire ? » (c'est l'opportunité du siècle pour refiler à votre enfant toutes les tâches ménagères qui vous enquiquinent la vie au quotidien !).

Des réparations possibles

Comme nous l'avons vu dans le chapitre 3, l'erreur est insupportable, l'erreur cause du tort, mais l'erreur n'est pas irréversible ! Il est toujours temps de la réparer. Invitez votre enfant à chercher une solution pour réparer sa bêtise. Par exemple : « Que peux-tu faire pour éponger la bouteille d'huile de tournesol que tu as fait tomber ? » (bon courage pour le nettoyage !).

— LE CODE —

de la « bonne route » vers la responsabilité

Vous avez obtenu votre code de la route ? Tant mieux pour vous, mais ici, on s'en fiche ! (Avis à tous ceux qui ont échoué à cette épreuve, vous pouvez déculpabiliser tout net.) Ce qui nous intéresse, quand on a des enfants, c'est de les rendre responsables, notamment en les laissant tirer eux-mêmes les enseignements évidents de leurs comportements parfois (souvent) inadaptés. On appelle ça, en langage positif, les « conséquences naturelles ou logiques ». Est donc venu le temps de vous faire passer un nouvel examen, celui du parent qui va, sans se fatiguer ni punir, arriver à responsabiliser son enfant. Qui veut le décrocher ? À vos stylos !

1 — Il fait 2 °C, votre enfant refuse de mettre son manteau pour sortir.

A) Vous l'empêchez de sortir.
B) Vous lui mettez son manteau.
C) Vous le laissez sortir sans son manteau. (Bonne réponse ! Il s'apercevra tout seul qu'il a froid et vous devrez sûrement l'amener chez le toubib dans les deux prochains jours ! Pas bien...)

2 — Loulou a apporté sa figurine Batman à table alors qu'il est interdit de jouer pendant les repas.

A) Vous lui confisquez.
B) Vous lui proposez de vous la donner le temps du dîner ou d'aller la mettre de côté. (Bravo ! Vous avez compris qu'il fallait lui laisser des choix pour qu'il coopère à travers sa responsabilisation.)
C) Vous le faites sortir de table.

3 — Vous êtes au téléphone pour une conversation importante. Emma-Carlotta joue du tambourin juste à côté de vous et ça vous agace terriblement. (En même temps, elle aurait pu choisir un autre instrument ! C'est pénible le tambourin...)

A) Vous lui demandez d'arrêter de jouer du tambourin parce que ça vous gêne. (Bonne réponse ! Un enfant n'a pas toujours conscience qu'il dérange.)
B) Vous lui hurlez dessus en lui disant qu'elle est insupportable et qu'elle vous fait le coup à chaque fois que vous êtes au téléphone (comme par hasard !).
C) Vous lui confisquez le tambourin *ad vitam aeternam*.

4 — Lola-Gertrude, qui laisse systématiquement traîner son linge sale dans sa chambre, se plaint de ne jamais pouvoir porter son jean préféré parce qu'il n'est jamais lavé à temps.

A) Vous faites des machines plus souvent pour qu'elle puisse porter son jean à sa guise.
B) Vous lui rappelez que vous n'êtes pas sa femme de ménage.
C) Vous lui dites que vous serez ravie de laver son jean quand il se trouvera dans le panier à linge sale. (Excellente réponse ! Vous décidez de ce que vous ferez et laissez Lola faire l'expérience de ses choix : son jean est dans le panier, il sera lavé/son jean n'est pas dans le panier, il restera sale. Vous pouvez ajouter la petite touche bienveillante en disant que vous comprenez sa déception quand elle ne peut pas le porter.)

5 — Grégoire-Mustafa est parti à l'école sans son cartable.

A) Vous courez lui apporter pendant votre pause déjeuner (il risque de se faire disputer par la maîtresse et de se prendre un billet d'observation).
B) Vous attendez le soir et lui expliquez que vous comptez sur lui pour y penser chaque matin, car c'est un grand garçon. (Bravo ! Vous avez résisté à l'envie de lui apporter son cartable et le laissez se responsabiliser et penser par lui-même.)
C) Vous lui faites la morale à la sortie de l'école en lui disant que si c'est à vous de penser à son cartable, on n'est pas sorti de l'auberge !

6 — Eva-Cunégonde traverse la route au feu-piétons rouge sur une artère très fréquentée (attention, c'est une question piège).

A) Vous l'attrapez par le col de son manteau et la tirez brusquement vers vous. (Aussi peu pédagogue que ça puisse paraître, c'est la bonne réponse ! Le danger fait partie des quelques raisons pour lesquelles les conséquences naturelles ne sont pas adaptées.
B) Vous la laissez traverser en espérant que les automobilistes l'épargneront.
C) Vous lui hurlez dessus en lui disant que vous pensiez qu'elle était suffisamment grande pour distinguer le rouge du vert !

Réponses : 1C - 2B - 3A - 4C - 5B - 6A

LES EFFETS
de la récompense

Quoi de plus efficace que la récompense pour déresponsabiliser votre rejeton ? Réponse : pas grand-chose. D'autant que Mme récompense est la bonne copine de Monsieur chantage. ex. : « Si tu passes le balai, tu auras de l'argent de poche. » « Si tu fais tes devoirs, tu auras un bonbon »... Absurde ? Et pourtant très commun chez les Homo sapiens qui se sont reproduits. La récompense est souvent liée au résultat obtenu. Mais est-ce le résultat le plus important ? (Celui qui répond « oui » est disqualifié !) Réponse : non ! Le processus l'est bien plus. Si l'on s'accorde à donner une récompense à son enfant, autant le faire lorsqu'il déploie son énergie dans des efforts de réussite plutôt que lorsqu'il réussit. Illustration du concept.

Des études éloquentes ont été faites sur la question de la récompense. Deux groupes d'enfants ont été réunis pour faire des dessins. Voici ce qui a été dit au groupe A : « Les dessins sont hyper-beaux, si vous en faites un second, vous aurez une récompense. » Au groupe B, on a dit : « Que vos dessins sont intéressants, plein de couleurs... Pourriez-vous en faire un second ? » Et devinez quoi ? Trrrrrrr-rrrrrrrrrrrrrrrr (roulement de tambour)... Les seconds dessins du groupe A étaient identiques à leurs premiers, tandis que ceux du groupe B étaient encore plus élaborés, recherchés. Bluffant, non ? Eh bien non ! Plutôt logique même. Les enfants du groupe A ont juste été motivés par la récompense qu'on leur a promise. Résultat des courses, ils n'ont développé aucun talent à travers l'exercice, si ce n'est celui de la stratégie (cela dit, ça a du bon aussi). Les enfants du groupe B, eux, ont pu développer leur sens de la créativité, leur imaginaire...

N'utilisez pas la récompense comme carotte, même si on en comprend bien l'efficacité pour atteindre votre objectif du moment. Mais ici on pense sur le long terme ! Vous voulez récompenser votre héritier (on a quand même le droit, zut alors !) ? Pas de problème. Mais faites-le par surprise. « Hey chéri, je t'ai acheté un billet de train pour aller à Eurodisney ce week-end. Tu l'as bien mérité vu le nombre d'heures que tu as passées à réviser ton contrôle ! » Ne le prévenez pas à l'avance si vous voulez qu'il apprenne de chaque processus, qu'il ait le goût de l'effort et, surtout, qu'il n'accomplisse pas une tâche ou un travail pour obtenir une récompense plutôt que dans le but d'en tirer un enseignement.

Halte aux gommettes, aux bons points et aux systèmes de récompense en tout genre, dont vous étiez fiers jusqu'à présent ! À moins que vous ne souhaitiez que votre enfant ne puisse plus jamais, de sa vie entière, pour toujours, plus grand que l'univers, se passer de votre opinion et de votre regard sur sa vie (en espérant que cette exagération fasse son effet) !

Notez aussi que les récompenses sont sans limite. En clair, si vous commencez à rentrer dans ce jeu, vous allez vous ruiner ! Bah oui, parce que la première récompense sera peut-être une gommette de la Reine des Neiges ou des Power Rangers (parce que votre enfant n'a que 5 ans), mais la deuxième sera un maillot de foot ou un tutu (car votre enfant a déjà 9 ans), puis la troisième sera une PSP ou un iPad, et on vous laisse imaginer la suite.

Vous Vous demandez à quoi vous pourriez avoir recours alors ? Vous êtes paniqué à l'idée de perdre le contrôle de la situation ? Et si garder le contrôle se faisait gratuitement, sans cadeau, sans acheter votre bambin ? Si on remplaçait la récompense par des encouragements lorsqu'il relève un défi (par exemple : « Tu peux être fier de ton travail »). C'est gratuit et ça enseigne à votre enfant la capacité à prendre ses décisions seul grâce à la confiance en lui qu'il aura acquise, le plaisir de donner gratuitement... Et après tout, lorsque vous passez l'aspirateur ou étendez la machine quinze fois par semaine, qui vous récompense ?

Pour finir, la récompense peut susciter des jalousies et nourir une compétition dans les fratries. Eh oui, celle-là, vous ne l'attendiez pas ! Les enfants guetteront sans hésiter les récompenses que vous donnerez à leur frère ou à leur sœur et vous attendront au tournant si la récompense de l'autre est mieux que la leur. Puis ils crieront à l'injustice. Et là, la vengeance sera redoutable. Et franchement, on n'a pas besoin de ça en plus !

Si tu pousses ta soeur du balcon pour voir si elle vole, tu n'auras pas de dessert !!!

— LE BÊTISIER —
des récompenses les plus insensées

Bon, autant vous prévenir, vous allez vous sentir ridicule dans quelques secondes, parce que vous trouverez sûrement, dans les phrases ci-dessous, des mots que vous avez déjà prononcés au moins une fois à votre enfant, ou même pire, que vous répétez au quotidien. Mais, bonne nouvelle, le ridicule n'a jamais tué personne ! (Sauf notre voisin, qui a voulu se déguiser en travesti un Jour de l'an et qui, à cause de ses talons aiguilles, a dévalé les escaliers et est mort sur le coup. RIP le voisin.) Après tout, se sentir ridicule nous permet de rectifier le tir, la plupart du temps !

- « Tu as fait pipi sans en mettre à côté, bravo ! Tu auras droit à un Dragibus® ! » (Ça marche aussi avec les CarenSac®.)

- « Aujourd'hui, tu n'as pas mis les doigts dans le nez, tu as mérité ta trottinette. » (En revanche, il garde ses mains degueu.)

- « Tu as bien parlé à tes professeurs, pour la peine, je vais t'acheter la Game Boy. » (Il préférera un truc plus récent peut-être !)

- « Tu as eu une note au-dessus de 8/20, tu as le droit à 20 €. » (Voilà voilà…)

- « Tu as dit bonjour à la voisine, tu peux manger une île flottante. » (Waou, le dessert de ouf !)

- « T'as pas tiré la queue du chien du voisin, tu auras le droit de ne pas te laver pendant les trois prochains jours. » (Parfait pour l'apprentissage de l'hygiène !)

- « Tu n'as pas coulé ton copain à la natation, tu pourras regarder la télé avec papa jusqu'à 1 heure du mat'. » (Pendant ce temps, vous, vous allez dormir !)

- « Tu as mis la table, tu es exempté de devoirs. » (Il se débrouillera avec sa maîtresse, après tout.)

- « Tu t'es lavé tout seul, bravo, tu as gagné une place pour le dernier film de Tarentino ! » (Le môme a 5 ans, C.Q.F.D.)

THE OUTIL DP DU CHAPITRE

élaborer le cadre et les routines ensemble

Il s'agit d'élaborer un cadre de vie avec nos enfants, de les impliquer dans les limites fixées à la maison et l'ordre et les horaires des routines quotidiennes. Du coup, difficile de transgresser des limites qu'on a soi-même fixées !

CHAPITRE 7

LA REFORMULATION, UN OUTIL INFAILLIBLE

« *Que ta langue ne devance pas ta raison* »...

Bien, Chilon de Sparte, il avait tout compris ! (Ils sont peut-être ruinés, mais ils sont forts, ces Grecs !) Nous avons tous, parents (sauf les Grecs, visiblement), la fâcheuse manie de parler à nos enfants de manière impulsive, pour que les choses se fassent comme ON veut, et vite ! Conclusion, on ne réfléchit pas toujours avant de parler, on frise l'irrespect toutes les deux secondes et on passe nos week-ends à faire des batailles de points d'exclamation avec nos enfants. Mais ces pauvres petits chéris ont tout de même droit au respect, eux aussi ! Alors voyons comment, très simplement, réinstaurer entre nous une parole respectueuse suscitera chez nos enfants l'envie de coopérer, de s'investir, de choisir, de se montrer responsables et de réfléchir par eux-mêmes (et plus vite ils seront autonomes dans leur pensée, plus vite vous aurez la paix. Pensez-y !).

5 BONNES RAISONS
de s'entraîner à la reformulation avec son enfant

Il s'agit là d'une vraie remise en forme de votre langage instinctif. Va falloir bosser dur. Mais vous verrez, un peu d'exercice et le tour sera joué ! Et quel plaisir de constater que le simple fait de dire les choses autrement va ramener toute la famille à la sérénité et au respect mutuel... Allez, on réfléchit avant de s'exprimer !

1 Vous l'invitez à explorer les conséquences de ses choix (par exemple, s'il sort sans capuche alors qu'il pleut, il sera mouillé).

2 Vous lui permettez de réfléchir par lui-même (par exemple : « Il pleut. Que peux-tu mettre sur ta tête ? »).

3 Vous lui témoignez un réel intérêt, doublé d'une envie de comprendre et de débloquer des situations (par exemple : « Qu'essayais-tu d'attraper quand tu as renversé le paquet de corn-flakes par terre ? »).

4 Vous lui apprenez que le ton a toute son importance dans la relation à l'autre (les « ? » et les « . » sont plus respectueux que les « ! »).

5 Vous lui évitez le sentiment d'être jugé plutôt que compris (en privilégiant le « quoi » plutôt que le « pourquoi »)

Exercice à reproduire quotidiennement à la maison :

1 Asseyez-vous

2 Tenez-vous bien droit(e)

3 Fermez les yeux

4 Les mains posées à plat sur vos cuisses

5 Prenez une grande inspiration

6 Tournez 7 fois la langue dans votre bouche.
À faire par séries de 10.

— CHANSONNETTE —

Pour mieux comprendre ce chapitre, nous avons pensé à une nouvelle version d'une chanson mythique de Dutronc qui rétablit l'ordre et le respect sans même avoir à hausser le ton sur nos petits monstres, ni les insulter, ni encore les humilier. La classe, non ? Qui sait, on va peut-être devenir des stars ?! (En revanche, faudra lui proposer un autre air aussi, parce qu'il y a trop de pieds par rapport à l'original…) En tout état de cause, c'est décidé, demain on colle un procès aux parents de Jacko qui ont vraisemblablement traumatisé leur pauvre enfant dans les années 1950 !

« Tu peux faire ci, tu peux faire ça », version Dubont

Tu peux faire ci, tu peux faire ça,
Si tu veux, tu peux t'mettre là,
Avec quoi tu peux sortir
pour n'pas avoir froid ?
Dans 3 minutes j'enlève ta soupe,
On fait un jeu pour se brosser les dents ?
Qu'est-ce que tu peux toucher d'autre ?
C'est important de dormir. *(Vous pouvez vous lancer dans l'explication scientifique si vous avez le temps.)*

Tu peux faire ci, tu peux faire ça,
Ton père est à toi dès qu'il a fini son travail,
J'ai besoin de toi pour faire la vaisselle
(tu veux bien m'aider ?),
Que pouvez-vous faire pour vous entendre avec ta sœur ?
As-tu entendu la cloche ?
(Rien à dire, juste être poli et dire merci vous-même)
Ne crois-tu pas que la dame a besoin de s'asseoir ?
Quelle heure est-il ? *(Il sait quelle est l'heure du coucher, puisque vous l'avez défini avant bien sûr.)*
Qu'est-ce qu'il risque d'arriver si tu ne te prépares pas vite ?

Tu peux faire ci, tu peux faire ça,
À dada prout prout cadet *(On n'a rien trouvé en remplacement.)*
À cheval sur mon bidet,
Je suis fatiguée, j'ai besoin de calme,
Le couloir est glissant,
J'ai peur pour toi.

Tu peux faire ci, tu peux faire ça,
Tu m'donnes la main ? On y va.
Tu veux bien aller dans une autre pièce ?
(Rien à dire, juste une main sur l'épaule et répéter sera très efficace)

Tu peux faire ci, tu peux faire ça,
À dada prout prout cadet,
À cheval sur mon bidet,
J'aimerais t'faire changer d'avis,
Je suis en colère, je préfère partir,
Saurais-tu où est mon peigne ?
Je le dis une fois après j'agis,
Je suis sûre que tu vas y arriver,
Tu sais ce qui est bien pour toi,
Grâce à tes efforts,
Tu feras le métier que tu voudras.

Euh...
Ce soir, tu veux des pâtes... ou des pâtes?

— JEU —

Transformez les injonctions en demandes bienveillantes

Rien de tel qu'un bon petit jeu pour apprendre de nos erreurs et réaliser qu'en modifiant la ponctuation ou un tout petit mot, on peut changer toute une vie. (Bon OK, on s'emballe un peu, mais c'est pas loin de ça.) Vous verrez, l'exercice est simple comme bonjour !

Débarrasse ta table !	*vs*	Où peux-tu mettre ton assiette ?
Nettoie ce que tu as fait tomber !		Que peux-tu faire pour éponger ?
Enlève tes doigts du nez !		As-tu besoin d'un mouchoir ?
Arrête de tirer la queue du chien !		Crois-tu que le chien apprécie que tu lui tires la queue ?
Tais-toi !		N'as-tu pas remarqué que ton frère était en train de parler ?
Tu me saoules !		J'ai besoin de calme.
Brosse-toi les dents !		Que dois-tu faire pour éviter les caries ?
Range ta chambre !		Que peux-tu faire pour retrouver facilement tes jouets ?
Mais tu vas bouffer, nom de Zeus !		J'enlève ton assiette et je suis sûre que tu sauras patienter jusqu'au prochain repas.
Pourquoi as-tu fais ça ?!		Que s'est-il passé ?
Mets tes affaires au linge sale !		Je laverai ce qui se trouve dans le panier à linge sale.
Arrêtez de vous battre !		Quelle solution pouvez-vous trouver pour être tous les deux satisfaits ?
Fais tes devoirs !		Veux-tu faire tes devoirs maintenant ou plus tard ?

Maintenant, à vous de vous exercer. Notez vos injonctions quotidiennes et remplacez-les par des demandes respectueuses

.... *vs* ....

.... *vs* ....

.... *vs* ....

.... *vs* ....

.... *vs* ....

.... *vs* ....

.... *vs* ....

.... *vs* ....

.... *vs* ....

.... *vs* ....

.... *vs* ....

.... *vs* ....

.... *vs* ....

MIROIR, MON BEAU MIROIR,
dis-moi que mon dessin est le plus beau

La reine dans Blanche-Neige *était vilaine parce qu'on la croyait juste jalouse. Mais la malheureuse était incomprise. Elle avait dû, dans son enfance, recevoir tellement de compliments et si peu d'encouragements qu'elle ne savait plus se trouver belle par elle-même et avait besoin de son miroir pour le lui confirmer. Bon, en revanche, elle a quand même voulu tuer Blanche-Neige. Et ça, c'est pas cool ! Notre petite histoire vous amènera à comprendre pourquoi la reine n'était pas si méchante...*

Il était une fois une petite fille, haute comme trois pommes, qui adorait dessiner. Elle demandait chaque matin à son miroir de lui dire que son dessin était le plus beau. Mais le miroir lui répondait toujours par la même question : « Et toi, petite fille, est-ce que tu le trouves beau ? »

Elle était très agacée par cette réponse ! Elle préférait entendre des compliments au sujet de ses œuvres. Alors elle recommençait encore et encore, mais rien ne changeait.

Un matin, la petite fille décida bien fermement d'obtenir un compliment en changeant de question. Elle se dirigea vers son miroir et lui demanda : « Miroir, mon beau miroir, dis-moi que tu es fier de moi pour mon 16 en maths ! » Et le miroir, contre toute attente, lui répondit : « Tu peux être fière de toi. »

Frustrée au début (elle eut même envie d'aller chez Ikea s'acheter un nouveau miroir), elle commença à accepter au fil des jours les réponses de son miroir. Puis elle finit par se sentir de mieux en mieux, jusqu'au jour où elle se sentit tellement encouragée et en confiance qu'elle n'eut plus jamais besoin de consulter son miroir.

T'as d'beaux yeux toi, tu sais?
Merci, toi aussi!

— JEU DES COMPLIMENTS —
vs les encouragements

Après vous avoir vendu du rêve en chanson et en conte, à vous de jouer ! Au sens propre, comme au sens figuré d'ailleurs. Le but du jeu est de cocher TOUTES les bonnes réponses pour gagner la toute dernière encyclopédie Larousse sur les dinosaures (oui, ça colle la pression !). Attention, il n'y en a qu'une à remporter. Vous découvrirez, à travers vos réponses, que les compliments font du bien à court terme et à petites doses, mais à long terme, ils sont toxiques ! Et les encouragements ? Ah ah ! Mystère et boule de gomme !

Le compliment :

❒ aide les enfants à avoir confiance en eux.

❒ est subjectif.

❒ accentue la dépendance de l'enfant à l'approbation de l'adulte.

❒ est moins usité que l'encouragement.

❒ déresponsabilise la personne à qui il est adressé.

❒ rend « conforme » l'enfant.

❒ montre aux enfants comment penser.

L'encouragement :

❒ reconnaît la responsabilité de l'enfant à qui il s'adresse.

❒ ne favorise pas l'estime de soi.

❒ incite les parents à être à l'écoute.

❒ montre aux enfants quoi penser.

❒ provoque chez l'enfant la peur de commettre des erreurs.

❒ est respectueux.

❒ accorde de l'importance au processus plutôt qu'au résultat.

Les bonnes réponses

Le compliment : est subjectif ; accentue la dépendance de l'enfant à l'approbation de l'adulte ; déresponsabilise la personne à qui il est adressé ; rend « conforme » l'enfant.

L'encouragement : reconnaît la responsabilité de l'enfant à qui il s'adresse ; incite les parents à être à l'écoute ; est respectueux ; accorde de l'importance au processus plutôt qu'au résultat.

— TOP 9 —

des expressions de parents recalés en DP

1 « Je ne fais jamais deux fois la même erreur, je la fais trois ou quatre fois histoire de m'assurer que c'était bien une idée de merde. »

Rien compris à l'erreur comme opportunité d'apprentissage, RECALÉ !

2 « Qu'est-ce qu'il est docile ! »

Genre l'animal de cirque – rien compris aux étiquettes dont on doit se débarrasser, RECALÉ !

3 « Refais-moi un plus beau dessin, celui-là est très moche. »

Rien compris à l'encouragement, RECALÉ !

4 « Il t'a frappé ? Ben tu lui rends le coup, ça lui apprendra ! »

Rien compris à la recherche de solutions, RECALÉ !

5 « Je t'ai promis que je jouerai à la poupée avec toi, mais j'ai pas le temps cette semaine. Va jouer toute seule. »

Rien compris au temps dédié, RECALÉ !

6 « Put... ! Tu vas la ranger ta chambre ou j't'en colle une ?! »

Rien compris aux parents modèles, RECALÉ !

7 « Je compte jusqu'à trois... Un... deux... t'as entendu ?!! Un... deux... attention ! Un... deux... »

Rien compris à la fermeté + bienveillance, RECALÉ !

8 « À qui tu parles ?! Je suis ta mère ! »

Rien compris à la question de l'autorité, RECALÉ !

9 « T'as attrapé froid ? Je t'avais prévenu ! »

Rien compris aux conséquences naturelles, RECALÉ !

THE OUTIL DP DU CHAPITRE

les questions de curiosité

Commençons par bannir « pourquoi » de notre vocabulaire, surtout lorsqu'il s'agit de réagir à une bêtise de nos cocos. Pourquoi ? (Et voilà, vous voyez, c'est une maladie !) Parce qu'ils forcent nos enfants à se justifier, à nous rendre des comptes et, par-dessus tout, à se sentir jugés. « Pourquoi as-tu mis le cochon d'Inde dans la machine à laver ? » D'abord, il ne saura pas forcément pourquoi il a fait ce qu'il a fait, et en plus, il risque de culpabiliser et de ne pas mieux faire la prochaine fois. Mais alors, par quoi remplace-t-on les « pourquoi » ?

- Quoi ?
- Qu'est-ce que ?
- Comment ?
- Qui ?
- Quand ?
- Est-ce que ?
- Où ?

Et la liste est encore longue... L'idée est de vous intéresser vraiment à votre enfant, d'accéder à son monde, de le laisser penser par lui-même, de tenter de trouver des solutions avec lui et de rester factuel, sans jugement. Du coup, le « Pourquoi as-tu mis le cochon d'Inde dans la machine à laver ? » deviendra par exemple : « Qu'est-ce qui t'a donné envie de mettre le cochon d'Inde dans la machine ? » Et voilà qu'au lieu de chercher une justification, il va chercher dans ses émotions et dans sa petite tête des éléments pour vous raconter l'histoire telle qu'elle s'est passée (bon, pendant ce temps, le pauvre cochon d'Inde a le temps de mourir dix fois !).

MINISTÈRE DES PARENTS IMPARFAITS

DIPLÔME DU PARENT
INITIÉ À L'ÉDUCATION POSITIVE

Vu le procès verbal de l'examen établi le .... 20... à ...h...,
qui atteste que les épreuves « Bienveillance & Fermeté » ont été passées avec succès,

le diplôme du Parent initié à la l'Éducation Positive est conféré à
Mme .... et M ...., parents de ....

Signature du titulaire

Ministère des Parents Imparfaits

Remerciements des auteurs

Camille Skrzynski

Merci à mon homme qui sait me rassurer et me soutenir quand je coule... et même me faire croire que je suis la plus belle alors que j'ai encore mon bide post-accouchement et que j'ai laissé tomber la brosse à cheveux et le maquillage depuis la naissance de Petit Pois !

Merci à ma grande fille d'être si sage, si charmante, si courageuse... je t'aime jusqu'au bout de l'univers (et retour!).

Merci à mon Petit Pois de me laisser dormir la nuit incessamment sous peu !

Merci aux membres de ma famille qui sont mes premiers fans.

Merci à toutes mes super copines d'écouter mes plaintes, supporter mes montées de stress, toujours avoir des paroles réconfortantes et rire comme des fofolles toutes ensemble !

Merci à mes deux co-auteures, Eve et Candice, d'avoir laissé vivre ma fibre artistique à travers un sujet tout nouveau pour moi !

Merci à Amélie P. d'être toujours avec nous dans l'aventure !

Merci à Johnny Depp d'arrêter de me harceler de messages langoureux. Je sais que tu es enfin célibataire mais il faut vraiment que tu comprennes que mon cœur est déjà pris !

Merci à tous mes lecteurs et fans car votre enthousiasme à chacun de mes dessins publiés m'encourage à continuer <3

Candice Kornberg Anzel

À mes amis aussi imparfaits que merveilleux. Vos encouragements et votre bienveillance m'accompagnent dans tous mes projets et dans ma vie. Vous avez chacun une place irremplaçable dans mon cœur.

Une mention spéciale à mon amie Jessica C pour avoir eu la brillante idée de me faire penser à Eve pour ce nouveau tome. Et encore pleins de projets réjouissants à réaliser ensemble.
Les marches de Cannes nous attendent toujours ;)

À mes familles imparfaites qui font raisonner les verres de Vodka et les verres de boukha.

À mes parents imparfaits qui n'ont pas eu la chance de découvrir la pédagogie positive mais qui ont sû naturellement m'apporter amour et bienveillance tout au long de ma vie.

À mon frère Benjamin qui est loin, qui me manque et qui j'espère aura vite lui aussi des petits monstres qui lui feront tourner la tête.

À mon homme, Damien dont les imperfections s'emboitent si bien avec les miennes. Merci pour ton amour, ton empathie et ta façon de toujours me rassurer avec humour sur mon rôle de mère. Je suis si heureuse de subir avec toi tous les « comportements inadaptés » de nos enfants.

À Sacha et Adam, mes deux petits monstres au grand cœur. Vous êtes si différents et tellement complémentaires. Je vous aime plus que tout au monde et c'est pour vous que j'essaye de devenir une meilleure maman.

À Camille qui m'a fait confiance et s'est lancée avec moi dans cette folle aventure à crayons ouverts depuis plusieurs années. Merci pour ces moments de partage et cette connexion exceptionnelle. On remet ça quand tu veux. Enfin quand ton fils fera ses nuits peut-être...

À Eve qui m'a initié à la pédagogie positive et m'a donné des clés pour essayer de m'améliorer et apaiser ma vie de maman au BDR. Je suis ravie qu'on ait pu réaliser ce projet ensemble, ce n'était pas le premier et certainement pas le dernier. Tu es une fille exceptionnelle.

À Amélie pour sa patience, sa bienveillance, son enthousiasme communicatif et ses mots réconfortants quand je doute de ce que j'écris. Hâte d'être aux prochains tomes avec toi.

À l'équipe de Marabout qui nous a reçues avec un accueil chaleureux et a rendu ce projet concret.

À vous lecteurs et parents imparfaits... Vos messages, vos « j'aime », vos encouragements réchauffent mon cœur chaque jour. Merci pour votre soutien et votre participation à mes « Avis de parents » sur ma page FB Parents Imparfaits et sur mon site FamilyDeal depuis 2011. C'est un bonheur d'aller bosser le matin avec le sourire et c'est grâce à vous !

Eve Aboucaya

À Candice qui m'a confié l'écriture du premier livre de ma vie en m'accordant toute sa confiance et plus. « On s'est connu, on s'est reconnu, / On s'est perdu de vue, on s'est r'perdu d'vue / On s'est retrouvé... ». Quelle histoire!

À Camille qui a accepté de faire et refaire ses croquis jusqu'à la limite de sa ponte.

À Amélie et nos 1572 mails sans qui ce livre serait sans queue ni tête (déjà que....).

À Marabout qui a accepté de me confier l'écriture d'une partie de son patrimoine (et qui risque de le regretter !).

À Jess qui a si bien joué les entremetteuses. À quand un bouquin ensemble ?

À Béatrice qui a donné du sens à ma vie de maman en m'offrant le plus beau cadeau, celui de la Discipline Positive. Que notre chemin ensemble soit le plus long possible. (Petite pensée à Armelle et au grand cercle des formateurs DP de France et de Navarre avec qui j'espère expérimenter encore de nombreux outils) .

À mon doudou, mon mari qui me supporte dans tous les sens du terme et que je bassine avec la DP en casant au moins 10 fois par jour le mot « DP » dans nos échanges. Je t'aime.

À mes enfants, mes cobayes, mes moteurs. La DP n'aurait pas de sens si vous ne me donniez pas autant de fil à retordre. Ohevet oth'em.

À mes sœurs, Lolo et Nono, si bienveillantes, dont les expériences avec leurs enfants m'ont énormément appris. Love you.

À mes parents, Puet et Mum, qui ont fait de leur mieux pour faire de moi une adulte passionnée et épanouie. 私はあなたを愛して

À ma belle-famille, les Abou, qui s'est laissée « convertir » par la Discipline Positive. Kocham cię.

À mes grands-parents qui ne sont plus, mes cousins, mes oncles et tantes qui tolèrent mes bla-gues pourries depuis toujours. Ich liebe dich.

À mes amis, leur profondeur et nos échanges passionnants sur l'éducation qui enrichissent mes réflexions et mes expériences au quotidien et pour la vie. Spécial clin d'oeil à Eva sans qui je n'aurais peut-être jamais croisé le chemin de ce livre qui squatte ma table de chevet depuis 3 ans. Ti tengu caru.

À vous lecteurs qui avez ri, pleuré, crié, chanté à la lecture de ce livre. Que la Discipline Positive soit avec vous! Ti amo aussi ...

Dans la même collection

Mise en pages : Cipanga
Imprimé en 2017 chez Macrolibros en Espagne
Pour le compte des éditions Hachette Livre (Marabout)
58, rue Jean-Bleuzen, 92170 Vanves
Dépôt légal : avril 2017

ISBN : 978-2-501-12183-5
3620578

PAPIER À BASE DE FIBRES CERTIFIÉES

MARABOUT
s'engage pour l'environnement en réduisant l'empreinte carbone de ses livres.
Celle de cet exemplaire est de :
1100 g éq. CO_2
Rendez-vous sur
www.marabout-durable.fr